Os 948 dias do gueto de Varsóvia

BRUNO HALIOUA

Os 948 dias do gueto de Varsóvia

Tradução
Luciano Vieira Machado

Estação Liberdade

Título original: *Les 948 Jours du ghetto de Varsovie*
© Éditions Liana Levi, 2017
© Editora Estação Liberdade, 2024, para esta tradução

Preparação Fábio Fujita
Revisão Valquíria Della Pozza e Thais Lancman
Editor assistente Luis Campagnoli
Supervisão editorial Letícia Howes
Edição de arte Miguel Simon
Editor Angel Bojadsen

CIP-BRASIL. CATALOGAÇÃO NA PUBLICAÇÃO
SINDICATO NACIONAL DOS EDITORES DE LIVROS, RJ

H183n

Halioua, Bruno, 1959-
  Os 948 dias do gueto de Varsóvia / Bruno Halioua ; tradução Luciano Vieira Machado. - 1. ed. - São Paulo : Estação Liberdade, 2024.
  256 p. ; 21 cm.

  Tradução de: Les 948 jours du ghetto de Varsovie
  ISBN 978-65-86068-75-7

  1. Varsóvia (Polônia) - História - Levante do Gueto de Varsóvia, 1943. 2. Holocausto judeu (1939-1945) - Polônia. I. Machado, Luciano Vieira. II. Título.

24-87797
CDD: 940.53438
CDU: 94(100)"1939/1945"

Meri Gleice Rodrigues de Souza - Bibliotecária - CRB-7/6439
11/01/2024 15/01/2024

Todos os direitos reservados à Editora Estação Liberdade. Nenhuma parte da obra pode ser reproduzida, adaptada, multiplicada ou divulgada de nenhuma forma (em particular por meios de reprografia ou processos digitais) sem autorização expressa da editora, e em virtude da legislação em vigor.

Esta publicação segue as normas do Acordo Ortográfico da Língua Portuguesa, Decreto nº 6.583, de 29 de setembro de 2008.

Editora Estação Liberdade Ltda.
Rua Dona Elisa, 116 | Barra Funda
01155-030 São Paulo – SP | Tel.: (11) 3660 3180
www.estacaoliberdade.com.br

A Corinne;
ao meu filho Dan, que me deu a ideia de escrever este livro depois de uma visita à Casa dos Combatentes dos Guetos do Kibutz Lohamei HaGeta'ot em Israel;
às minhas filhas Salomé, Bethsabée e Naomie;
à memória de todos aqueles que foram exterminados durante a Shoá.

"O passado, da mesma forma que os mortos, precisa de nós; ele só existe na medida em que o comemoramos. Se começássemos a esquecer os combatentes do gueto, eles sofreriam um segundo extermínio; falaremos desses mortos para que não sejam aniquilados; pensaremos nesses mortos para que não caiam, como dizem os cristãos, no lago obscuro, para que não sejam engolfados pelas trevas para todo o sempre."

Vladimir Jankélévitch, pronunciamento feito em abril de 1969 no Memorial do Mártir Judeu Desconhecido, por ocasião da Jornada Nacional da Deportação e da Revolta do Gueto de Varsóvia, in: L'Imprescriptible, *Paris, Seuil, 1986, p. 79.*

"Se os que nos assassinam vencerem, serão eles a escrever a história dessa guerra, e nossa destruição será apresentada como uma das mais belas páginas da história do mundo. [...] Em contrapartida, se formos nós a escrever a história desse período de sangue e de lágrimas — e tenho plena convicção de que o faremos —, quem haverá de acreditar em nós? Ninguém, porque nossa catástrofe é a catástrofe de todo o mundo civilizado."

Isaac Schiper (1884-1943), in: Samuel D. Kassow, Les Archives secrètes du ghetto de Varsovie, *Paris, Grasset, 2011, p. 307.*

Sumário

O menino de boné	13

PRIMEIRA PARTE
Antes do gueto

	19
1 Antes da chegada dos alemães	20
2 A invasão alemã	29
3 A armadilha se fecha	33

SEGUNDA PARTE
O gueto de Varsóvia

	59
1 Yom Kippur 1940: a criação do gueto	60
2 O Judenrat, um intermediário incômodo	77
3 Condições de vida insuportáveis	88
4 A ginástica para conseguir sobreviver	107
5 Adaptação a qualquer custo	120

TERCEIRA PARTE
A deportação para o Leste

	141
1 Antes das deportações	142
2 A evacuação do gueto	158

QUARTA PARTE
O levante do gueto de Varsóvia

	189
1 Prelúdio à insurreição	190
2 A insurreição do gueto	209

"A Shoá é a derrota da civilização"	223
O que foi feito deles	229
Notas	241
Agradecimentos	255

O menino de boné

Quem não conhece a foto do menino de boné, tirada por um SS em 1943, quando das operações de destruição do gueto de Varsóvia? Nessa fotografia, famosa no mundo inteiro, vê-se um menino judeu de uns oito anos, uma expressão de medo no rosto. Ele está um pouco afastado de uma multidão de mulheres e crianças que, como ele, saem de um edifício com as mãos levantadas. Estão rodeados por quatro soldados nazistas de aspecto ameaçador, armados de metralhadoras. A sensação de medo inspirada por essa foto é acentuada pela presença de uma mulher que volta a cabeça e olha para três soldados nazistas postados à saída do edifício. Que será que vai acontecer? — ela parece perguntar-se.

A fotografia desse menino de calças curtas, com um boné grande demais para ele e um casaco que lhe chega até as coxas, tornou-se emblemática não apenas do horror da Shoá, da barbárie nazista, mas também do desaparecimento da maior comunidade judaica da Polônia e da Europa.

A história do gueto de Varsóvia começa em 12 de outubro de 1940, quando as autoridades nazistas dão a ordem para encerrar, numa área de cerca de trezentos hectares (8% da área da cidade, ou seja, um terço do bosque de Vincennes, em Paris), 381 mil judeus (cerca de 30% da população de Varsóvia). Ela acabou exatamente 948 dias depois, em 16 de maio de 1943, com a exterminação dos últimos resistentes e a dinamitação da grande sinagoga Tlomackie, elemento maior do patrimônio daquela que fora a maior metrópole judaica do mundo depois de Nova York. Naquele dia, Jürgen Stroop, comandante das tropas alemãs encarregadas da liquidação do gueto de Varsóvia, telegrafou orgulhosamente para Himmler: "*Es gibt keinen jüdischen Wohnbezirk in Warschau mehr!* (Não existe mais bairro judeu em Varsóvia!)." Para corroborar sua façanha, ele enviou um relatório de 75 páginas datilografadas, acompanhado de 53 fotografias. Sufocar a insurreição armada que eclodiu quando mais de 90% dos habitantes do gueto já tinham sido deportados para os campos de extermínio não foi nada fácil...

Sua história e a da insurreição continuam a levantar muitas questões e a suscitar debates entre historiadores.

Que estratégia os alemães usaram?

Como era a vida cotidiana no gueto?

Que estratagemas foram utilizados para lutar contra a fome cuidadosamente planejada pelos nazistas?

Qual foi a atitude do Judenrat (Conselho Judeu) diante das autoridades nazistas?

Como se comportaram os poloneses não judeus?

Que sabiam os habitantes do gueto sobre os campos de extermínio?

Os aliados poderiam tê-los salvado?

Como as autoridades nazistas puderam realizar o extermínio?

Como surgiu a ideia de resistência no seio da juventude judaica do gueto?

Como os movimentos de resistência europeus receberam a notícia do levante?

A insurreição foi um ponto de virada no estado de espírito não apenas dos judeus de Varsóvia, mas também de toda a Europa sob ocupação. Os resistentes judeus compreendem que os SS não são invencíveis e que é possível opor-se à política de extermínio pela luta armada. Marek Edelman (OJC) (ZOB, Zydowska Organizacja Bojowa), um dos chefes da Organização Judaica de Combate, o explicou de forma notável: "Pela primeira vez, faz-se frente aos planos alemães. Pela primeira vez, cai o mito do alemão intocável e todo-poderoso. Pela primeira vez, os judeus se convencem de que se pode fazer alguma coisa contra a vontade e a força alemãs."[1]

Atualmente, dispomos de inúmeros testemunhos de pessoas que viveram no gueto de Varsóvia; alguns escritos depois da guerra, outros, no próprio gueto. Com efeito, o desejo de testemunhar estava muito arraigado em seus moradores, conscientes do caráter excepcional do que estavam vivendo. A maioria desses escritos desapareceu, mas alguns deles foram guardados cuidadosamente e resgatados depois da guerra. Enquanto escrevia seu diário até a véspera de sua prisão, em 4 de agosto de 1942, Chaim Kaplan, diretor da escola hebraica, se interrogava sobre o destino daqueles que eram deportados para o Leste. Suas últimas palavras exprimem o temor de que sua obra venha a se perder para sempre: "Se eu morrer, o que será de meu diário?"[2] Três anos antes, em 26 de outubro de 1939, ele descrevera lucidamente a ameaça que pesava sobre o povo judeu, exprimindo a necessidade da comunicação, justificando sua decisão de testemunhar a qualquer custo: "Os indivíduos serão destruídos, mas a comunidade judaica sobreviverá. Eis por que cada palavra escrita vale mais do que ouro, desde que se descrevam as coisas como elas se deram, sem exageros nem distorções."[3]

A partir de outubro de 1939, o historiador Emanuel Ringelblum monta um projeto colaborativo que ele chama, em iídiche, de Oyneg Shabes (Oneg Shabbat em hebraico, Alegria do Sábado), porque as reuniões são feitas nas tardes de sábado.[i] Auxiliado por um grupo composto de pessoas vindas de estratos variados — professores, rabinos, escritores, artistas... —, ele se propõe a coletar documentos e testemunhos sobre o gueto (material administrativo, cartazes, convites para concertos, cupons de leite). Ringelblum aproveita-se de seu posto à frente do Aleynhilf — uma organização de ajuda mútua judaica que fornece alimentos e apoio social às populações desfavorecidas do gueto — para levar adiante sua missão. Marcel Reich-Ranicki, judeu-alemão refugiado em Varsóvia, descreve-o como "um organizador silencioso e incansável, um historiador frio, um arquivista apaixonado, um homem de espantoso autocontrole, muito cônscio de seu objetivo".[4] Ringelblum assim resume o estado de espírito de seus colaboradores:

> O Oyneg Shabes não é um grupo de pesquisadores que disputam uns com os outros, mas um grupo coeso, uma irmandade em que todos se ajudam. [...] Cada membro sabia que seu esforço e sacrifício, seu trabalho árduo e seu labor, o risco permanente que assumiam quando transportavam materiais de um lugar para outro [...] se faziam em nome de um ideal superior. [...] A Oyneg Shabes era uma ordem de irmãos que escreveram em sua bandeira: disposição para o sacrifício, lealdade mútua e serviço à sociedade judaica.[5]

---

i. Usou-se o nome "Oyneg Shabes" para não despertar suspeitas nos delatores.

Desconfiavam eles que o processo de extermínio dos judeus já estava em curso? Se eles bem cedo compreendem o caráter excepcional do que estão vivendo, parecem também adivinhar que provavelmente não sobreviverão. Por isso, recolhem documentos e testemunhos de modo científico com vistas a transmiti-los às gerações futuras.

Os arquivos reunidos, que compreendem seis mil documentos, num total de 35.369 páginas, estavam escondidos em três lugares diferentes, sob os escombros do antigo gueto. Um primeiro conjunto de arquivos, guardados em caixas metálicas, foi colocado em 3 de agosto de 1942 no porão do número 68 da rua Nowolipki, por Yisroel Lichtensztajn, com a ajuda de Nachum Grzywacz e de David Graber. Eles foram desenterrados em 18 de setembro de 1946. Um segundo *corpus*, escondido sob o *szop* (fábrica) Holman em fins de fevereiro de 1943, vem a público quando dos trabalhos de terraplenagem, em 12 de janeiro de 1950. O terceiro e último *corpus*, que foi enterrado na rua Swietojerska, infelizmente nunca foi encontrado, apesar das diversas escavações. Foi nesse terreno que se construiu, na década de 1960, a embaixada da China. Em 2003, uma expedição de arqueólogos israelenses para localizar esse terceiro lote de documentos resultou em fracasso. Não obstante, já se pensa na realização de novas pesquisas com a ajuda de um radar de penetração do solo (RPS), equipamento que permitiu recolher objetos enterrados pelos deportados nos campos de concentração de Treblinka e Sobibor.

Se esses depoentes têm o cuidado de apresentar os fatos com tanta precisão, é porque temem, como é o caso de Abraham Lewin, que ninguém acreditasse na veracidade dos atos desumanos perpetrados pelos nazistas: "A brutalidade dos nazistas [...] parecerá absolutamente inacreditável às gerações futuras, que haverão de considerar nossos testemunhos produto de nossa imaginação superexcitada pela miséria e pela raiva."[6]

Outros relatos vêm se somar a esse *corpus* essencial: os de Marek Edelman, Marcel Reich-Ranicki, Janina Bauman, Larissa Cain, Régine Frydman, Bernard Goldstein, Edward Reicher e Hillel Seidman.

Baseando-me nos depoimentos escritos durante esse período e depois dele, meu objetivo foi relatar a vida cotidiana desses homens, dessas mulheres e crianças que tentaram, em vão e de forma obstinada, sobreviver durante 948 dias à máquina de morte instalada meticulosamente pelas autoridades do Terceiro Reich. Poucas obras estudaram a história do gueto em sua totalidade. Em contrapartida, muitos historiadores se debruçaram sobre a insurreição e sobre os insurretos. Apesar de seu calvário, eles deram um raro exemplo de resistência e coragem.

Para Raul Hilberg, essa primeira revolta urbana contra os nazistas na Europa ocupada tem uma importância maior do ponto de vista histórico: "O maior enfrentamento entre judeus e alemães se deu no gueto de Varsóvia. Essa luta em nada mudou o processo de destruição. Na história judaica, porém, essa batalha é uma verdadeira revolução, visto que, depois de dois mil anos de política de submissão, a roda havia girado, e os judeus novamente recorreram à força."[7]

Uma mudança cheia de consequências.

PRIMEIRA PARTE

ANTES DO GUETO

"Em um de seus discursos, Hitler — que seu nome seja apagado! — ameaçou destruir os judeus da Europa em caso de guerra. Os judeus sabem o que os espera lá onde os exércitos de Hitler entram como conquistadores, ainda que provisoriamente."

Chaim Kaplan, Chronique d'une agonie,
Paris, Calmann-Lévy, 2009, p. 40.

1
Antes da chegada dos alemães

Às 12h40 do dia 31 de agosto de 1939, uma quinta-feira, Hitler ordena a invasão da Polônia. No dia seguinte, à 1h45, o Exército alemão, composto de 57 divisões, seis das quais blindadas e quatro motorizadas, 1,5 mil veículos e 1,93 mil aviões, atravessa a fronteira da Polônia. Perfeitamente cientes das perseguições antissemitas que ocorrem na Alemanha depois da tomada de poder por Adolf Hitler, os três milhões de judeus que vivem na Polônia, que constituíam 10% da população, se veem mergulhados num estado de angústia e pavor.

Na tarde de 1º de setembro de 1939, uma sexta-feira, cartazes afixados nos muros de Varsóvia reproduzem o apelo do presidente da República que fora transmitido pelo rádio: "Esta noite, nosso inimigo secular violou nossas fronteiras e abriu hostilidades contra o Estado polonês. Dou testemunho disso solenemente, diante de Deus e da história."[8]

No mesmo dia, Chaim Kaplan dá mostras, em seu diário, de uma terrível clarividência:

> Não há dúvida de que o nazismo terminará por ser vencido, porque as nações civilizadas conseguirão se erguer para defender a liberdade de que os bárbaros germânicos querem privar o mundo. Não obstante, duvido de que possamos sobreviver à carnificina. As bombas de gás asfixiantes envenenarão todos os

seres humanos, isso se não formos obrigados a morrer de fome, por falta de víveres.⁹

No que se refere ao futuro da comunidade judaica polonesa, Kaplan não tem nenhuma ilusão: "Quanto aos judeus, os perigos que correm são sete vezes maiores. Por toda parte onde Hitler põe os pés, não há mais esperança para o povo judeu."¹⁰

Adolf Hitler nunca escondeu sua intenção de resolver definitivamente o que ele costuma chamar de "o problema judeu". Em 30 de janeiro de 1939, oito meses antes do início do conflito, em seu discurso diante do Reichstag quando do aniversário da Machtergreifung[i], o Führer declarou:

> Em minha vida, sempre fui profeta, e na maior parte do tempo zombaram de mim. À época de minha luta pelo poder, eram sempre os judeus que riam de minha profecia de que eu tomaria a frente do Estado e de todo o povo e, entre outras coisas, solucionaria o problema judeu [...]. Hoje, quero novamente profetizar: se a finança judaica internacional, na Europa e fora da Europa, conseguir mais uma vez mergulhar as nações numa guerra mundial, o resultado não será a bolchevização da terra e a vitória da judiaria, mas, antes, a aniquilação (*Vernichtung*) da raça judaica na Europa.¹¹

Varsóvia, importante centro do judaísmo

Adolf Hitler sabe que lugar a comunidade judaica ocupa na Polônia. Ele não ignora que essa comunidade é, com as dos

---

i. A expressão, que significa "tomada do poder", refere-se à nomeação de Adolf Hitler para chanceler do Reich em 30 de janeiro de 1933.

Estados Unidos e da Rússia, um dos três centros do judaísmo mundial. Os judeus originários da Alemanha, da Espanha e da França aí se instalaram a partir do século XIV, encorajados pelo rei Casimiro, o Grande (1310-1370), que procurava promover a prosperidade econômica de seu reino. Ao longo dos séculos, a comunidade judaica polonesa conheceu uma alternância entre períodos de convivência e de violências antissemitas marcadas por pogroms assassinos. Com seus ensinamentos, a Igreja católica alimenta a inveja e o ódio de uma grande parte da população polonesa contra os judeus, acusados de ser responsáveis pela morte de Cristo e de cometer assassinatos rituais de crianças cristãs.

Logo após a Primeira Guerra Mundial, passados 123 anos de ocupação[ii], a Polônia se torna, enfim, um Estado independente. Varsóvia, sua capital, recebe o maior contingente judeu urbano depois do de Nova York. Segundo o recenseamento de 1931, a cidade conta 352.650 judeus, ou seja, cerca de 30% da população, que, à época, era de 1.172.000 habitantes.[12] Os judeus vivem no aglomerado urbano de Varsóvia, mas os mais pobres se concentram no bairro do norte, que posteriormente se transformaria no gueto.[iii]

A comunidade polonesa apresenta certo número de particularidades linguísticas, sociológicas e culturais. O iídiche continua sendo a língua usada pela grande maioria, principalmente

---

ii. Em 1795, a terceira partilha da Polônia entre a Rússia, a Prússia e a Áustria marca o desaparecimento do Estado polonês até 1918.

iii. A palavra "gueto", de origem incerta, foi usada pela primeira vez em Veneza, em 1516. Os guetos italianos eram cercados de muros e de portões que ficavam fechados à noite. Em 1870, o rei Vítor Emanuel II extinguiu o último gueto de Roma. O de Veneza fora extinto por Napoleão.

no âmbito familiar. Muitas pessoas idosas não falam polonês, e a maior parte dos judeus advindos de meios socioeconômicos desfavorecidos exprime-se mal ou com um forte sotaque facilmente reconhecível. Essa barreira linguística limita de maneira considerável os intercâmbios, ainda mais que, como explicou o historiador Marc Bloch, "uma diferença de língua implica um sentimento de alteridade que, por si só, constitui uma fonte de antagonismo".[13]

Apenas uma minoria de judeus se exprime no dia a dia em polonês, visto se beneficiar da obrigatoriedade dessa língua em seus estabelecimentos de ensino. De um modo mais geral, os judeus assimilados (*asimilowany*) se distinguem dos de cultura iídiche, que eles tendem a desprezar. "Eram dois mundos afastados, que pouco se estimavam, isso quando não se desprezavam. Os assimilados acusavam os religiosos de ser retrógrados, e estes rebatiam afirmando que, por oportunismo, os assimilados se afastavam da fé e da tradição de seus pais."[14] No entanto, diferentemente dos "assimilacionistas" (*asimilator*) que incorporaram a língua e cultura polonesas e romperam com os laços ancestrais, os assimilados continuam ligados à sua comunidade, aos valores tradicionais do judaísmo, e preocupados com os problemas de seu povo.[iv]

Contudo, a religiosidade perde terreno, rivalizada pelas ideologias laicas como o sionismo[v] e o bundismo, que tem grande penetração entre os jovens. O Bund (Allgemeiner Jüdischer Arbeiterbund, União Geral dos Trabalhadores

---

iv. Os "convertidos" (termo que deriva do iídiche *mekhes*) ocupam um lugar à parte.

v. Entretanto, existia um movimento sionista religioso, Mizhai, fundado em 1902, e um movimento juvenil, Bnei Akiva, criado em 1929.

Judeus) é o principal partido socialista judeu. O número de filiações aumentou consideravelmente ao longo dos anos que precederam a guerra, em particular nos grandes centros urbanos poloneses.

Enfim, a atividade cultural dos judeus na Polônia no período entreguerras é rica e abundante. Eles têm seus jornais[vi], seus teatros, sua indústria cinematográfica, suas editoras, seus escritores.

Lado a lado, sem se misturar

No contexto do novo Estado, judeus e poloneses não vivem juntos, mas lado a lado. Eles não se misturam, inclusive no mundo do trabalho, e limitam suas relações ao mínimo. Como ressaltou o historiador Raul Hilberg: "Embora o processo de assimilação já estivesse em pleno andamento quando da eclosão da Segunda Guerra Mundial, ainda não fora possível integrar os judeus e os poloneses numa mesma sociedade."[15]

Os judeus são particularmente numerosos nas grandes cidades (Varsóvia, Lodz, Cracóvia, Lvov), nas quais, em sua maioria, pertencem à classe média. Eles em geral representam 35% (às vezes até 80%) dos habitantes.[vii] São, em sua maioria, pequenos comerciantes e artesãos que trabalham na indústria

---

vi. Antes da guerra havia na Polônia 204 periódicos especificamente judeus cuja tiragem global era de 540 mil exemplares. Entre eles, 75% eram em iídiche, 20% em polonês e 5% em hebraico. Cf. Peter Dembowski, *Des chrétiens dans le ghetto de Varsovie*, Les Plans-sur-Bex, Parole et Silence, 2011, p. 68.

vii. Muitos judeus ainda residem nos *schtetlech*, ou "bairros judeus".

alimentícia, na produção de couro ou de têxteis.[viii] Embora 47% dos judeus trabalhem por conta própria (contra 17,5% dos poloneses não judeus), muitos pertencem ao meio operário. A maioria das empresas judaicas emprega preferencialmente judeus. Nos grandes aglomerados urbanos, são muitos os que exercem profissões liberais (médicos, advogados). Em contrapartida, praticamente não se encontra nenhum ocupante de cargo elevado na administração do Estado ou do Exército, visto que os meios nacionalistas poloneses temem a "judaização" do país. Em 1931, o Estado emprega 531 mil funcionários, entre os quais 2,3 mil judeus, o que representa 0,5% do total.[16] Em 1938, Piotr Ponisz resumia o estado de espírito de numerosos intelectuais poloneses católicos em relação à *Questão judaica*: "É preciso antes de tudo procurar isolar a população judaica da população polonesa para cortar a influência destruidora e contínua dos judeus sobre o psiquismo polonês."[17]

No plano jurídico, os judeus são considerados poloneses de confissão mosaica, de acordo com o sistema instituído no período entre as duas guerras mundiais. Esse sistema define os cidadãos em particular segundo sua confissão religiosa — católica, ortodoxa, protestante ou judaica. Os judeus não gozam da integralidade dos direitos de que desfrutam seus compatriotas, porque os poloneses opõem-se formalmente à maneira mais ampla como são concedidos na Europa ocidental. Assim, a integração total no espaço público lhes é vedada.

---

viii. Segundo Ryszard Kaczmarek, antes da guerra os judeus são responsáveis por 44,3% da produção têxtil, 55% da de calçados e 51% da de alimentos. Cf. Ryszard Kaczmarek, *Historia Polski 1914-1989*, Varsóvia, Wydawnictwo Naukowe PWN, 2010, p. 163, citado em Georges Mink, *La Pologne au cœur de l'Europe, de 1914 à aujourd'hui, histoire politique et conflits de mémoire*, Paris, Buchet-Chastel, 2015, p. 77.

Além disso, em sua maioria, eles se empenham em conservar sua identidade no seio do Estado polonês.

Desde a Revolução Francesa, os judeus da Europa ocidental lutavam por direitos iguais enquanto indivíduos, e limitavam apenas à esfera religiosa suas aspirações à identidade judaica. Diferentemente dos demais, a maioria dos judeus que vivia na Polônia independente no período entre guerras insistia em ser reconhecida enquanto povo, com todos os direitos de uma minoria nacional. Os judeus queriam ser reconhecidos enquanto comunidade que integrava a sociedade polonesa, mas que, ao mesmo tempo, era separada dela.[18]

No Parlamento, os judeus são representados por deputados dos partidos sionistas e religiosos, cujas reivindicações têm em vista, sobretudo, questões comunitárias. Segundo Teresa Prekerowa, isso explica, em grande parte, a animosidade dos poloneses, que os acusam de "querer criar um Estado dentro do Estado, de sobrepor seus interesses de grupo e da diáspora aos da Polônia".[19]

De acordo com a legislação promulgada pelo marechal Pilsudski, a Kehilá, uma instituição comunitária, gerencia a organização administrativa, religiosa e social de cada comunidade judaica do país. Há uma em cada cidade ou aldeia. Ela é financiada por cotizações de seus membros, pelos direitos de registro dos atos religiosos (casamentos, enterros) e pela soma das rendas imobiliárias.[ix] A comunidade possui uma grande

---

ix. Os dirigentes comunitários são eleitos pelos homens com idade mínima de 25 anos que sejam "cidadãos irrepreensíveis". Cf. Barbara Engelking, "Le Conseil juif de Varsovie", *Revue d'Histoire de la Shoah*, n. 185, p. 145-174, 2006.

rede de orfanatos e estabelecimentos escolares de todos os níveis que ensinam em iídiche ou hebraico, juntamente com o polonês.

1930, a volta do antissemitismo

No começo da década de 1930, principalmente devido à severa crise econômica que assola a Polônia, assiste-se a um recrudescimento do antissemitismo. Um pouco por toda parte, ocorrem boicotes às lojas de judeus e expulsão de comerciantes judeus dos mercados e das feiras. A partir de junho de 1935, atinge-se um novo patamar com a multiplicação dos pogroms em Grodno, Suwalki e Raciaz. Segundo um relatório oficial[20], aconteceram 150 entre maio de 1935 e agosto de 1936. O sangrento pogrom de Przytyk, em 9 de março de 1936, no qual dois judeus foram mortos e 22 feridos, provocou um forte abalo na comunidade judaica da Polônia.

Partidos políticos e sindicatos abertamente antissemitas convocam numerosas manifestações. O grupo nacionalista extremista Mlodziez Wszechpolska (Juventude Autenticamente Polonesa), fundado em 1922 por estudantes, e o Campo da Grande Polônia (OWP, Oboz Wielkiej Polki) exigem a supressão de direitos civis e a adoção de um *numerus nullus* para os judeus nas universidades (proibição de fazer estudos superiores). Em 1932, Jan Mosdorf, o líder do partido de extrema direita ONR (Oboz Narodowo Radykalny), numa reunião da direção da Juventude Autenticamente Polonesa, declara: "A população do Estado polonês deveria se dividir em cidadãos e dependentes (*przynalezni*) — estes sem nenhum direito político. Os judeus pertencem à segunda categoria, independentemente de ser ou não de confissão judaica."[21]

Atos de violência antissemita pipocam dentro das universidades, em especial nas faculdades de medicina, nas quais é estabelecido um *numerus clausus* para admissão: o número de judeus é limitado a 10% do total de alunos, porcentagem proporcional à sua população. Nos auditórios, os alunos judeus são obrigados a reunir-se num lugar bem definido, ao qual se dá o nome de "banco judeu" (*getto lawkowe*).[x]

Em face dessa ascensão do antissemitismo, a Igreja católica tem uma atitude ambígua. Desde a Idade Média, ela foi o principal vetor de preconceitos contra os judeus. Ela condena a violência, mas apoia medidas de segregação, sobretudo nos estabelecimentos escolares confessionalmente mistos. Em 1935, o primaz da Polônia, August Hlond, e o arcebispo de Varsóvia, Aleksander Kakowski, transmitiram às autoridades públicas, em nome do episcopado, uma mensagem em que manifestavam seu temor diante do afluxo de crianças judias nas escolas públicas: "Para nós, trata-se apenas de uma coisa: evitar que a jovem geração polonesa se deixe 'judaizar'; vemos esse perigo na mistura maciça de judeus com crianças polonesas na escola pública e na nomeação de pessoas de confissão judaica para lecionar nas escolas católicas."[22]

---

x. Muitos jovens judeus foram para a França para continuar o curso de medicina.

2
A invasão alemã

Ao cabo de uma ofensiva-relâmpago, a Wehrmacht penetra no território polonês. Em 7 de setembro, uma semana depois da invasão alemã, o governo polonês deixa Varsóvia e pede aos reservistas e aos jovens em condições de pegar em armas que se dirijam para o Leste. Num impulso patriótico, o prefeito de Varsóvia, Stefan Starzynski, e o general Valerian Czuma decidem defender a capital a despeito das opiniões gerais. No dia seguinte, porém, elementos da 4ª Divisão Panzer ocupam Raszyn e o aeroporto Okecie. O órgão do comando supremo das Forças Armadas alemãs (OKW, Oberkommando der Wehrmacht) anuncia de forma triunfal: "Hoje, às 17h15, nossos blindados forçaram as portas de Varsóvia."[23]

Vinte dias de resistência

Não obstante, os poloneses conseguem rechaçar a ofensiva, o que leva o Estado-maior alemão a mudar de estratégia para reduzir as perdas: a capital polonesa é submetida a um violento ataque de artilharia e a intensos bombardeios aéreos. Durante o cerco, Stefan Starzynski, pela rádio polonesa, estimula a população a demonstrar coragem, e ao mesmo tempo o famoso pianista judeu Wladyslaw Szpilman cuida dos recitais de música. O conceituado pedopsiquiatra judeu Janusz Korczak também transmite mensagens de estímulo.

Em 17 de setembro, enquanto o Exército polonês sofre uma série de reveses desastrosos, a União Soviética anexa a parte oriental do país, de acordo com a cláusula secreta do Pacto Germano-Soviético assinado em 23 de agosto de 1939. Nesse meio-tempo, Varsóvia resiste com obstinação, apesar dos pesados bombardeios. Quando a capital rejeita o ultimato alemão que exige sua rendição, os ataques dobram de intensidade. Como relatou o diretor de teatro Jonas Turkow, o alvo preferencial é a cidade velha, onde a população judaica é a mais numerosa: "Ninguém podia sair à rua, as pessoas ficavam nas residências, nos porões, sem comida, sem luz, sem água, sem dormir. Nenhum edifício deixou de ser atingido ou danificado por uma bomba, pela artilharia ou pelo incêndio."[24]

O bairro sofreu um ataque intenso em 22 de setembro, dia do Yom Kippur. Nesse dia festivo, os habitantes vivem "o inferno na terra".[25]

Ao longo desse período, ocorrem manifestações esporádicas de antissemitismo: os judeus são responsabilizados pelo encarniçamento dos alemães contra a capital polonesa. Jonas Turkow testemunhou uma cena em que judeus que estavam numa fila de espera de distribuição de alimentos foram expulsos aos gritos de "Aqui não tem lugar para vocês"; "É por causa de vocês que estamos em guerra!"; "Vão para a Palestina!".[26]

Em 27 de setembro, o prefeito Stefan Starzynski anuncia à população, com a voz rouca e entrecortada, a rendição da cidade. Cerca de dez mil poloneses são mortos, cinquenta mil são feridos. A devastação é considerável: 25% dos edifícios são destruídos ou seriamente danificados. Já não há mais água corrente, nem eletricidade, nem gás. As ruas estão atulhadas de escombros, ruínas e cadáveres.

A ocupação alemã

Já nos primeiros dias da invasão da Polônia, os Einsatzgruppen, grupos de intervenção da polícia de segurança (Sicherheitspolizei, Sipo) e do serviço de segurança (Sicherheitsdienstes, SD), compostos por 1,6 mil a 2,4 mil homens, entram em ação.[i] Essas unidades, com efetivos egressos da Gestapo, da polícia criminal e do serviço de segurança, estão sob o comando de Reinhard Heydrich, elevado em 1939 ao cargo de chefe do Departamento Central de Segurança do Reich, o RSHA.[ii] Segundo seus próprios termos, cabe-lhes tornar "inofensivas" as camadas dirigentes da população polonesa. Em sua mira estão cerca de sessenta mil pessoas pertencentes à elite, secretamente fichadas nos anos que antecederam a guerra. Essa operação de neutralização recebeu o codinome de "Tannenberg".[iii] Ao RSHA também é incumbido garantir a segurança nas regiões ocupadas.[iv]

---

i. Numerados de I a VI. Cinco dos Einsatzgruppen estão ligados à Wehrmacht, o sexto atua na província de Posen.

ii. Em 27 de setembro de 1939, quatro semanas depois do ataque à Polônia, a Sipo, que supervisiona a Gestapo e a polícia política, funde-se com o SD para formar o Reichssicherheitshauptamt (RSHA, Departamento Central de Segurança do Reich).

iii. Em referência à vitória dos exércitos alemães contra as forças russas em 1914, mas também à derrota dos cavaleiros teutônicos diante dos poloneses em 1410.

iv. A missão dos Einsatzgruppen é a "luta contra a espionagem, prisão de pessoas politicamente suspeitas, apreensão de armas, confisco de

A população judaica também está na mira dos Einsatzgruppen SS. Desde o mês de setembro, dentro da campanha de "purificação" da área aquém do front, os Einsatzgruppen I, IV, V e, principalmente, o Einsatzgruppe z.b.V. do SS--*Obergruppenführer* Udo von Woyrsch perpetram muitos atos de terror. Fazem execuções em larga escala: quinhentos judeus são assassinados em Przemysl, duzentos em Dynow, perto do rio San, e mais de cem em Przekopana.

Em 1º de outubro de 1939, a Wehrmacht penetra em Varsóvia. As autoridades de ocupação mandam afixar cartazes escritos em alemão e em polonês, assinados pelo *Generalleutnant* Johannes Blaskowitz, comandante das forças alemãs na Polônia. Elas prometem à população a volta à vida normal "sob a proteção do Reich".[27] Outros cartazes proclamam: "Os judeus não têm nenhuma medida de repressão a temer."[28] Alguns judeus idosos que tinham vivido a ocupação alemã na Primeira Guerra Mundial guardam a lembrança do comportamento correto que os soldados tiveram à época. Os empregados da instituição Bem-Estar Popular Nacional-Socialista (NSV, Nationalsozialistische Volkswohlfahrt) procedem a uma distribuição gratuita de pão, o que gera grandes filas de espera, imortalizadas por cineastas e fotógrafos dos serviços de propaganda. Certos de sua impunidade, os réprobos poloneses molestam e expulsam os judeus esfomeados aos gritos de "Judas!"

O Einsatzgruppe IV, que em 1º de outubro se instalou na avenida Szuch, nº 25, em Varsóvia, é encarregado de controlar a comunidade judaica.

---

material importante para o trabalho da polícia, prisão de refugiados e de desertores". Cf. Jean-Jacques Langendorf, *La SS, un État dans l'État*, Paris, Infolio, 2008, p. 67, coleção "Illico", n. 17.

3
A armadilha se fecha

Em 25 de novembro de 1939, Hitler decide incorporar ao Reich a parte oeste da Polônia, que passa a ser chamada de Territórios Anexados. A população germanófona é muito grande nessa vasta região situada ao longo do rio Varta, compreendendo a Alta Silésia oriental, o corredor polonês da cidade de Dantzig e o sul da Prússia Oriental. As regiões orientais da Polônia, situadas para além do rio Bug, foram anexadas pela União Soviética e, desde então, fazem parte das repúblicas da Bielorrússia e da Ucrânia. O centro do país, situado entre o Vístula e o Bug, se torna o Governo Geral. A partir de então, é governado por Hans Frank, que resolve instalar sua capital em Cracóvia.[i] Mais de dois milhões de judeus poloneses estão agora à mercê de Adolf Hitler[ii], e teme-se o pior, como anota Chaim Kaplan em seu diário: "O inimigo dos judeus jurou há muito tempo que, se houvesse guerra, os judeus da Europa seriam eliminados. Hoje ele tem sob o seu domínio metade do povo judeu. Por que Deus cumulou tão cruelmente nossas vidas de amargura? Na verdade, será que nós pecamos mais

---

i. Ele se divide em quatro distritos: Cracóvia, Varsóvia, Radom e Lublin.

ii. A 4ª divisão do RSHA compreende particularmente o departamento IV B4, dos "assuntos judeus". Ela é, então, encarregada de assumir o controle de dois milhões de judeus poloneses.

que outra nação? Nenhum povo se viu tão privado das graças divinas quanto o nosso."²⁹

Qual é o objetivo das autoridades nazistas no que diz respeito aos judeus poloneses? Numa reunião que se fez em Berlim em 21 de setembro de 1939, isto é, três semanas depois do início do conflito, Reinhard Heydrich dá aos comandantes dos Einsatzgruppen duas diretrizes que iriam constituir os fundamentos da política antijudaica na Polônia. A primeira é a transferência dos judeus para as cidades próximas a ferrovias, "para que se tenham mais meios de controle e, posteriormente, facilitar as deportações".³⁰ A segunda é a instituição, em cada comunidade, de um Judenrat, o Conselho Judeu, encarregado de assegurar as relações administrativas entre as autoridades alemãs e a população judaica.[iii]

A transferência dos judeus

Seis dias depois da reunião em Berlim, em 27 de setembro de 1939, Heydrich informa aos chefes do RSHA e aos chefes dos Einsatzgruppen que Adolf Hitler ordenou "a expulsão dos judeus para além da linha de demarcação entre a Polônia ocupada e a zona de ocupação soviética".³¹

Nos meses seguintes, as autoridades nazistas, sob o comando de Heinrich Himmler, executam uma política de transferência das populações. Em 7 de outubro de 1939, cria-se uma agência encarregada de sua organização: o Comissariado do Reich para o Fortalecimento da Germanidade (RKFDV, Reichskommissariat für die Festigung des deutschen Volkstums),

---

iii. As comunidades judaicas com menos de quinhentas pessoas deviam ser dissolvidas, e seus membros conduzidos para cidades maiores.

presidido por Himmler. Centenas de milhares de poloneses e judeus, principalmente do Warthegau (Reichsgau Wartheland), são transferidos para a área sob jurisdição do Governo Geral. A partir de outubro de 1939, judeus da Áustria e da Boêmia--Morávia são enviados a sudoeste de Lublin, em torno da cidade de Nisko, no rio San, em meio a zonas pantanosas escassamente povoadas. Dentro de algumas semanas, muitos milhares se encontram em condições precárias, no que se constitui uma "reserva judaica." Finalmente, o projeto foi abandonado em princípios de 1940, por causa das reticências de Hans Frank. Surge, então, um outro plano, que prevê a deportação dos judeus europeus para um território autônomo na ilha de Madagascar. Essa ideia já tinha sido aventada em 1938 pela administração SS e encorajada por Himmler e Hitler. Também esse projeto terminou por ser abandonado, devido ao esforço de guerra contra a Inglaterra. Mas a concentração dos judeus visando a sua deportação é o prelúdio da ideia de "guetização" a longo prazo.

Esse processo de guetização não foi introduzido ao mesmo tempo em todo o país. Foi em Piotrkow Trybunalski que se construiu o primeiro gueto, em 28 de outubro de 1939. Em seguida, instituiu-se o de Lodz, a segunda cidade da Polônia em número de judeus, por ordem do SS-*Brigadeführer* Johannes Schäfer, em 8 de fevereiro de 1940. Em junho, ele já contava 160 mil habitantes.

No curso do ano seguinte, surgiram centenas de guetos na Polônia ocupada. Os mais importantes são o de Cracóvia (67 mil habitantes), o de Czestochowa (48 mil), o de Lublin (32 mil), o de Radom (32 mil) e o de Kielce (27 mil). Para Goebbels, trata-se de "morredouros" (*Todekiste*, literalmente "caixas da morte").

A guetização apresenta uma vantagem econômica evidente para as autoridades nazistas, porque permite a espoliação de um parque imobiliário importante e a reinstalação dos *Volksdeutsche*, os alemães que vivem na Polônia, e também dos funcionários, homens de negócios e soldados. E, em especial, a guetização facilita a pilhagem dos bens e das empresas judaicas na operação de "arianização econômica".

A constituição do Judenrat

Em Varsóvia, em 4 de outubro de 1939, Adam Czerniakow foi encarregado pelo Einsatzgruppe IV de formar um conselho da comunidade judaica de Varsóvia, o Judenrat. Este deve ser composto por 24 membros titulares e 24 suplentes, e realizar sua primeira reunião trinta dias depois, substituindo a Kehilá. Nada preparou Czerniakow, engenheiro químico de 59 anos, para se tornar responsável pelos 360 mil judeus da cidade. Ex-membro do Conselho Municipal de Varsóvia, eleito entre 1927 e 1934 para o Senado em nome da coalizão dos três partidos judeus conservadores, Agudat Israel, Mizrahi e Sionistas Gerais, Czerniakow é membro também da Kehilá. Depois de assumir o comando desta quando da fuga de seu presidente, Maurycy Mayzel[iv], foi nomeado oficialmente para assumir o lugar deste, em 13 de setembro de 1939, pelo prefeito de Varsóvia, o coronel Stefan Starzynski.[v]

---

iv. Ele era o presidente da Kehilá antes da guerra. Mayzel se refugiou em Kovel, na Ucrânia ocidental, onde foi morto no outono de 1942.

v. Starzynski foi preso pela Gestapo depois da capitulação e morreu no campo de concentração de Baelberge, em 1944.

Dez dias depois, em 23 de setembro de 1939, ele avalia a extensão de suas responsabilidades e escreve em seu diário: "Um papel histórico numa cidade sitiada. Vou me esforçar para assumi-lo."[32] Czerniakow acredita gozar de certa legitimidade moral por ter sido nomeado não pelas autoridades alemãs, mas por Starzynski, antes da entrada dos inimigos na cidade. Ele se considera antes um patriota polonês, visto ter sido partidário de Jozef Pilsudski, cujo retrato ele tem em seu escritório.

Em 13 de outubro de 1939, Czerniakow propõe às autoridades de ocupação uma lista de 24 membros (doze titulares e doze suplentes) para auxiliá-lo em sua missão. Ele escolheu membros da *intelligentsia* judaica, representantes de diferentes correntes políticas e dirigentes reconhecidos pela comunidade.[vi] Ao que parece, ele teve dificuldade de recrutar esses membros, devido à resistência de algumas personalidades a integrar essa instituição. Entre os membros do Judenrat, um terço se compõe de ex-representantes da Kehilá.[vii]

---

vi. Essa forma de recrutamento com base na cooptação o faz alvo de muitas críticas no seio da população do gueto.

vii. Cabe citar Apolinary Hartglas, dos Sionistas Gerais; Szmul Zygielbojm, do Bund; o rabino Yitzhak-Meir Levin, do Agudat Israel, o partido ortodoxo tradicionalista; e Abraham Weiss, do Mizrahi, um partido conservador. Os outros membros são o engenheiro Iosef Iashunski (diretor do colégio técnico ORT da Polônia), o doutor Khaim Shoshkes (diretor dos bancos cooperativos), o juiz do tribunal do comércio Edvard Kobriner, o engenheiro Stanislaw Szereszewski, os advogados Bernard Zundelevitsh e Boleslaw Rozensztat, M. Kuptshiker (do Sindicato dos Artesãos), o rabino Sztokhamer, Avraham Wolfowicz, Rozen, Graf, Bart, o rabino Szapiro, o engenheiro Shtoltzman (diretor do Banco de Comércio Judeu), o advogado Gustaw Wielikowski, Szmul Winter, Israël Mileskowski, Abraham Gepner, Katshko (diretor do Departamento das Prisões do Conselho Judeu). Posteriormente, o doutor Khaim Shoshkes, o senador Kerner, Yitzhak-Meir Levin, membros do Judenrat, fugiram para o estrangeiro.

A escolha dos membros do Judenrat é objeto de críticas, visto que muitos não são de origem varsoviana, outros são considerados assimilados demais, talvez até assimilacionistas, tendo rejeitado, portanto, os valores tradicionais do judaísmo. Além disso, Czerniakow tem como questão de honra não fazer nenhuma discriminação contra convertidos, que foram coagidos pelos alemães a viver no gueto. O grande número deles com cargos importantes na administração do Judenrat será uma fonte de crescente descontentamento.

Aparentemente, o Judenrat é uma instituição autônoma, que goza de numerosas prerrogativas que antes cabiam ao Estado polonês ou à prefeitura de Varsóvia: a organização dos serviços de polícia, de higiene pública, de saúde e de correios. Na verdade, as autoridades alemãs instituíram esse arremedo de "governo judeu" para que fosse executada sua política de perseguição. Com base em sua experiência na Áustria, na Boêmia-Morávia e na Alemanha, elas sabem que têm todo o interesse em agir por intermédio dos dirigentes comunitários judeus, facilmente impressionáveis e manipuláveis.

Na verdade, a margem de manobra da instituição é muito limitada. Ela está sob a autoridade do *Standartenführer* Waldemar Schön, que foi nomeado "comissário do bairro judeu de Varsóvia" em novembro de 1940 e que permanecerá no posto até 15 de março de 1941. Em meados de maio do mesmo ano, ele foi substituído por um advogado berlinense, Heinz Auerswald, anteriormente chefe da Subdivisão de População e de Proteção Social do Ministério do Interior.

Os alemães são informados continuamente do que se passa no Judenrat, graças a uma vasta rede de informantes que estão em todos os escalões de sua hierarquia.

Adam Czerniakow tem de prestar contas duas vezes por semana. Muitos são os seus interlocutores entre as autoridades de ocupação; entre eles, os SS como o *Obersturmführer* Walter Witossek e os *Untersturmführers* Karl Brandt e Gerhard Mende e, posteriormente, o comissário do gueto Heinz Auerwald, cujo papel aumenta de importância ao longo do tempo. Seus interlocutores alemães às vezes lhe impõem medidas vexatórias e humilhantes. Ele recebe instruções e ordens que tem de transmitir à população judaica por meio de decretos, comunicados e determinações impressas em três línguas: alemão, polonês e iídiche.

Primeira medida: o recenseamento

No decorrer do mês de outubro de 1939, o Judenrat recebe sua primeira ordem, a de fazer o recenseamento de todos os membros da comunidade judaica. Ao aceitar essa tarefa, Czerniakow não se dá conta de que está pondo o dedo numa engrenagem montada espertamente pelas autoridades de ocupação. Ele supervisiona essa aborrecida missão administrativa com entusiasmo, como escreveu em seu diário no dia 21 de outubro:

> De 12 às 14 horas, reunião do Departamento de Estatísticas. De 15 às 18 horas, os SS [...]. Chamo a atenção para o fato de que 1º [de novembro] é o dia de Todos os Santos, e dia 2 é o de Finados. Assim sendo, será preciso adiar o recenseamento dos judeus para 3 de novembro [...]. Uma discussão longa e difícil. O recenseamento far-se-á no dia 28. [...] Na mesma ocasião, discutimos e estabelecemos a fórmula de recenseamento. Terei de encontrar cores de cartazes para expor o comunicado alemão nos muros da cidade.[33]

Ao fim dessa empreitada, 359.827 judeus tinham sido recenseados em Varsóvia, o que corresponde a 28,2% da população da capital, 173 mil são considerados população ativa, dos quais 95 mil têm uma atividade artesanal ou industrial.

O Judenrat participa ativamente da realização do recenseamento, o que lhe permite conhecer o número exato de trabalhadores ativos na comunidade judaica e também as necessidades de ajuda social e rações alimentares. Marcel Reich-Ranicki se pergunta:

> Por que a administração alemã fazia tanta questão dessas informações precisas, não apenas sobre o local de nascimento, mas sobre o conhecimento de línguas estrangeiras, o nível de instrução, o serviço militar, a carreira profissional e muitos outros dados? Quando alguém perguntava qual o objetivo do recenseamento, ouvia sempre a fórmula lapidar: "É preciso ordem." Explicação pouco convincente, visto que essa "ordem" só valia para os judeus. Temia-se o pior.[34]

Chaim Kaplan também acha essa medida inquietante: "Outro sinal que promete o pior [...]. Nossos corações nos falam de desgraça: por trás desse recenseamento, esconde-se uma catástrofe para os judeus de Varsóvia."[35]

Posteriormente, as autoridades de ocupação continuam a exigir informações precisas sobre a comunidade judaica de Varsóvia.[viii]

---

viii. Depois da criação do gueto, elas passam a exigir um relatório semanal sobre a situação do mesmo, com dados sobre abastecimento, morbidade e mortalidade.

O uso da braçadeira

Em 23 de novembro de 1939, um decreto impõe o uso obrigatório de um sinal distintivo, uma braçadeira "de pelo menos dez centímetros de largura", com a estampa da estrela de Davi, sobre a manga das roupas de todos os judeus com mais de dez anos, residentes no Governo Geral. A medida passa a vigorar em 1º de dezembro de 1939. Estipula-se que os judeus dos outros distritos que residem temporariamente em Varsóvia também devem submeter-se a essa ordem. Os convertidos da primeira e da segunda geração estão igualmente sujeitos a essa norma. Com efeito, de acordo com o decreto de 1º de dezembro, são considerados judeus: 1) toda pessoa que pertença ou tenha pertencido à comunidade judaica; e 2) toda pessoa cujo pai ou mãe pertença ou tenha pertencido a essa comunidade.

O governador do distrito de Varsóvia, Ludwig Fischer, no entanto, consegue alterar a idade mínima para o uso da braçadeira para doze anos. Essa medida é recebida com estupefação pelos judeus, como descreve Wladyslaw Szpilman: "Nossa condição de párias devia, pois, ser proclamada aos olhos de todos. Vários séculos de progresso iriam ser apagados de um só golpe: tínhamos regredido para a plena Idade Média."[36] Com a braçadeira, afirma Marcel Reich-Ranicki, "os judeus passavam à condição de foras da lei".[37]

Alguns membros do Judenrat e determinadas profissões têm o direito de usar uma braçadeira especial, como é o caso dos médicos (braçadeira com uma estrela vermelha), dos membros da polícia judaica (braçadeira amarela com a inscrição *Jüdisher Ordnungsdienst*, serviço judeu de manutenção da ordem), dos que trabalham nos serviços funerários (braçadeira branca com estrela vermelha).

Essa decisão vexatória expõe a população a medidas arbitrárias não apenas da parte alemães, mas também dos poloneses. O clima de medo e terror se intensifica. Deixar de usar a braçadeira implica punição severa. Janusz Korczak, que, sem portar braçadeira, mas trajando seu uniforme de oficial do Exército polonês, procurou um departamento alemão por lhe terem confiscado um carregamento de batatas, foi detido e encarcerado na prisão Pawiak[ix] na transição de 1940 para 1941.

Wladyslaw Szpilman conta a vergonha que sentem os judeus da *intelligentsia*, que se obrigam "a permanecer em casa para não ter de circular com aquele símbolo infamante no braço. E quando éramos absolutamente obrigados a sair de nosso domicílio, andávamos procurando nos fundir na paisagem, olhos fitos no chão, dominados pela vergonha e pelo medo".[38] Posteriormente, depois da criação do gueto, Szpilman conta que deixara de prestar atenção às braçadeiras, a ponto de vê-las em seus amigos "arianos", quando sonhava com eles, "como se essa faixa de tecido branco tivesse se tornado um acessório do vestuário tão banal e universal quanto a gravata".[39]

Emanuel Ringelblum prefere comentar essa medida com uma nota de humor: "Atualmente, a rua Nalewki se parece com Hollywood — a cada passo, cruzamos com estrelas!"[40] Ele conta também uma história engraçada que ouviu de alguém: "Horowitz [Hitler] visita o além. Ele vê Jesus no paraíso. 'Ora, ora, que faz um judeu sem braçadeira?' 'Deixe ele para lá', responde São Pedro, 'é o filho do patrão'."[41] Contudo, como ele afirma mais seriamente, o porte de uma braçadeira reduz

---

ix. A grande prisão de Varsóvia, nos números 24-26 da rua Dzielna. Normalmente, ela recebia apenas presos políticos poloneses.

a nada as conquistas obtidas pelos judeus depois de emancipados: "Um policial alemão grita para um judeu que perdeu sua braçadeira: *'Sie Jude, Sie haben das zwanzigste Jahrhundert verloren!'* (Judeus, vocês perderam o século XX!)."[42]

A saudação aos alemães

Em outubro de 1940, uma ordem obriga todo judeu a saudar os alemães na rua e a lhes dar passagem. Ringelblum conta laconicamente: "Hoje, 29 de setembro, levei uma pancada na boca porque não saudei um alemão."[43] Como explica Chaim Kaplan, "é preciso, então, manter os olhos abertos, evitar devanear ou tagarelar, pois com isso se corre o risco de esquecer de render ao nazista com quem você cruza as homenagens que lhe são devidas".[44] Essa medida humilhante serve de pretexto para certos alemães espancarem judeus. "Muitas vezes", explica Jonas Turkow, "quando um judeu saudava um alemão, este o interrompia perguntando: 'Você me conhece?' Assustado, o judeu respondia 'não' e era espancado brutalmente. Os alemães queriam, assim, desorientar e humilhar os judeus, mantendo-os permanentemente em pânico. Quando faziam a saudação, eram espancados, quando não faziam, claro que o espancamento era certo."[45] Para não terem de se submeter a essa medida, Szpilman e seu irmão dão longas voltas a fim de evitar os maus encontros. "E fosse o encontro inevitável, desviávamos os olhos, fingindo não tê-lo visto, mesmo correndo o risco de levar uma surra."[46]

Ringelblum surpreendia-se de ver que, algumas vezes, certos alemães se comportavam de forma correta e manifestavam sua desaprovação à saudação obrigatória: "Com frequência, quando os judeus saúdam os outros, estes fazem um gesto como a dizer 'Não é preciso fazer isso'. A maioria deles segue em frente, como se a saudação não lhes fosse dirigida."[47] Ele conta também o caso de um alemão que perguntou a um judeu, na rua Hoza, por que ele lhe cedia lugar, e, em seguida, tomou-o pelo braço e o acompanhou até a sua casa.[48]

A caça aos judeus

Ao chegarem à Polônia, muitos soldados alemães veem judeus pela primeira vez. A propaganda nazista não cessou de apresentá-los, por anos, como seres degenerados, animalescos. O ministro da Propaganda alemão, Joseph Goebbels, em visita a Varsóvia em novembro de 1939, exprime sua repulsa a eles em seu diário: "É o inferno. A populaça é apática, amorfa. As pessoas rastejam nas ruas como insetos. É asqueroso e difícil de descrever."[49] Como explica Marcel Reich-Ranicki, os soldados do Reich os espancam, os espoliam e os humilham com absoluta impunidade. E o que é pior: eles se lançam a uma verdadeira "caça aos judeus", "grande júbilo dos vencedores, prazer incomparável dos conquistadores".[50] Eles lhes impõem exercícios de ginástica e atos humilhantes, como tirar a roupa e defecar em público. "Pode-se ver, então, do que os homens são capazes quando têm todo poder sobre outros homens."[51] Reich-Ranicki, que viveu toda a sua juventude em Berlim e conhece bem a mentalidade germânica, se perguntou se as constantes humilhações impostas pelos soldados não seriam expressão de um sadismo até então reprimido e ao qual podiam dar vazão na Polônia ocupada. "Aqui, eles não tinham de levar em conta nada nem ninguém, não estavam submetidos a nenhuma vigilância nem controle. Não era como às margens do Reno ou do Meno. Aqui, eles podiam, enfim, fazer aquilo com que sempre tinham sonhado: dar vazão aos seus piores instintos."[52]

Chaim Kaplan, que testemunhou por longo tempo os atos de violência dos soldados, escreveu em 13 de outubro de 1940: "O nazista é um sádico. Seu ódio ao judeu é patológico. Ele agride pelo prazer de agredir. Os sofrimentos de suas vítimas são um bálsamo para sua alma, principalmente se suas vítimas são judeus."[53]

Seus alvos preferenciais são os judeus ortodoxos, que são identificados pelos soldados alemães. "Os jovens soldados viam, então, pela primeira vez em sua vida, religiosos judeus. Esses inquietantes habitantes de Varsóvia não lhes inspiram simpatia, mas, antes, repugnância e hostilidade. [...] Ali, os soldados tinham diante dos olhos aqueles seres que eles só conheciam pelas caricaturas dos jornais alemães, em particular as do *Stürmer*."[54]

Como conta o historiador Saul Friedländer, assiste-se então ao desencadeamento da violência e da crueldade: atiravam contra eles, que eram forçados a se sujar mutuamente com suas fezes; obrigados a saltar, arrastar-se, cantar, limpar-se dos próprios excrementos com seus xales de oração, dançar em volta de autos de fé em que se queimavam os rolos da Torá. Eram chicoteados, forçados a comer carne de porco, ou estrelas de Davi lhes eram gravadas na testa.[55] A diversão mais apreciada dos soldados alemães era o que chamavam de "brincadeira da barba", que consiste em arrancar, cortar ou queimar as barbas e os cachinhos laterais. "No bairro judeu, a brincadeira mais comum consiste em cortar a barba de todos os judeus que se encontram na rua. Fazem-no com a faca mais à mão, cortando também, se for preciso, uma parte da face."[56]

Também as mulheres são brutalizadas. Algumas, obrigadas a se despir, esfregar os soalhos com suas calcinhas e urinar em público. Como relata Emanuel Ringelblum, "os soldados também achavam essa brincadeira muito divertida".[57] Há testemunhos de que eram ainda violentadas. Segundo Jonas Turkow, às vezes essa violência se faz na presença do marido ou dos pais. Os que tentam impedi-la são assassinados.

Muitos pensam que esses atos de violência são passageiros e perpetrados por elementos descontrolados, à revelia de seus superiores hierárquicos. A princípio, alguns compareciam inocentemente à sede das administrações alemãs para prestar queixa, e então eram espancados com violência ainda maior. Em contrapartida, o jornal *Warscheuer Zeitung* de 31 de dezembro de 1939 publica uma proclamação de Johannes Blaskowitz, comandante em chefe das forças alemãs do Leste: "Soldados! Espero de cada um de vocês a atitude digna e disciplinar exigida pelo uniforme militar que lhes inspira o senso de honra e de dever."[58]

Os judeus assimilados, vestidos à europeia, não são poupados. Eles são designados para a vingança dos soldados alemães pelos malfeitores poloneses, que denunciam sua presença chamando-os de "Jude".

"Para servir de exemplo"

Já nos primeiros meses da ocupação, as autoridades alemãs instauram um clima de terror. A fim de cortar pela raiz qualquer veleidade de resistência, aplica-se o princípio de responsabilidade coletiva e, ato contínuo, sua primeira aplicação: a execução de reféns "para servir de exemplo". Organiza-se uma temível rede de informantes e de delatores, criando uma atmosfera de suspeita e inquietação no seio da população da cidade.

Em Varsóvia, o primeiro ato de repressão coletiva aconteceu em 13 de novembro de 1939. A pretexto de um disparo feito pelo jovem delinquente Pinchas Yaakov Zylberberg contra um policial polonês diante do pórtico do número 9 da rua Nelewski, os 53 moradores que estavam no edifício foram presos pela Gestapo. O Judenrat pagou a quantia de 300 mil zlotys exigida para sua libertação, mas ainda assim todos foram fuzilados em 28 de novembro de 1939. "Esse primeiro exemplo de execução em massa aumenta o sentimento de pânico entre os judeus. O medo que têm aos alemães se torna indescritível"[59], observa Marek Edelman.

Dois meses depois, em 18 de janeiro de 1940, um dirigente da Resistência polonesa, Andrzej Kott, fugiu do cerco da Gestapo. Passados alguns dias, 225 pessoas, entre as quais membros importantes da comunidade judaica (advogados, médicos, dentistas, rabinos)[x], foram detidas e, em seguida, fuziladas na floresta de Palmiry, a dezessete quilômetros de Varsóvia. Com isso, o objetivo das autoridades nazistas, de criar um clima de medo e insegurança na população, é atingido plenamente.

Requisições e espoliações

Desde os primeiros dias da ocupação, os judeus sofrem prisões arbitrárias na rua e em suas casas e são obrigados a executar trabalhos penosos: remover os escombros e a neve da rua, descarregar mercadorias, recolher os detritos, fazer faxina nos

---

x. Entre os reféns, há apenas uma mulher, Adèle Hoffenberg, então com cinquenta anos.

apartamentos particulares e nos escritórios alemães, etc. As condições são ainda mais difíceis pelo fato de eles sofrerem crueldades e humilhações. "Tinha-se de trabalhar o dia inteiro com pá e picareta, sem nenhuma alimentação, vigiados por cães ferozes e sob chicotadas dos SS", conta Abram Apelkir. "Ao fim do dia, era preciso passar no meio de uma dupla fileira de SS, que nos brindavam com uma última rodada de pancadas e açulavam os cães contra nós dizendo: '*Mensch, happ der Hund*!' (Homem, pegue o cão!)."[60]

Certos da impunidade, os alemães se entregam livremente também às pilhagens, tanto na rua quanto nos lares e nas empresas. Em 4 de outubro de 1939, três nazistas vão à sede da Kehilá e exigem que lhes entregue uma caixa com 110 mil zlotys. Em 12 de novembro de 1939, os alemães exigem do Judenrat a lista dos judeus ricos de Varsóvia. Em seguida, vão aos seus domicílios para roubar-lhes os bens de valor. Jonas Turkow fala da pilhagem do apartamento de sua cunhada dentista, feita por médicos militares. Estes requisitam medicamentos e instrumentos médicos e aproveitam para roubar "uma peça de tecido e roupa branca para homem, sabonete, chá, etc."[61] Em seu testemunho, Ludwik Landau conta que um médico militar alemão, depois de ter roubado toda a prataria e o serviço de porcelana de uma família, voltou no dia seguinte porque faltavam algumas xícaras, e moeu de pancadas o infeliz proprietário que ele desconfiava tê-las escondido.[62]

As autoridades de ocupação se entregam igualmente à espoliação de bens imobiliários. Chaim Kaplan foi expulso em 2 de outubro de seu apartamento da rua Nowolipki:

> Fui informado de uma hora para outra que os alemães tinham decidido requisitar cinco casas da rua Nowolipki — as de número

12, 14, 16, 18 e 20 — e expulsar seus moradores judeus. Nem ao menos lhes foi permitido levar consigo um cadarço de sapato. Tampouco foram autorizados a vestir um sobretudo. Em poucos minutos, os judeus tinham sido expulsos, e as casas ficaram vazias. Os judeus saíram, perturbados e tremendo de medo, descompostos e ainda com as roupas de ficar em casa. Dois ou três soldados se precipitaram em cada apartamento berrando com arrogância: "Judeus, *heraus*!" Não lhes foi permitido pronunciarem nem uma palavra. Em poucos minutos, centenas de famílias se encontraram sem teto, sem roupas, sem alimento, sem moradia, sem dinheiro — eu entre eles. [...] Agora, fui despojado de tudo o que possuía. Não tenho nem teto sobre a minha cabeça. [...] Isso não me deixa nem um pouco tranquilo. Estou entre os dentes do leão. Será que sairei dessa situação são e salvo?[63]

A espoliação teria atingido 25 mil proprietários judeus.

No outono de 1939, as autoridades alemãs determinam uma "arianização econômica": as empresas pertencentes a judeus são confiscadas e confiadas pela Treuhandstelle (administração alemã de tutela) a gerentes alemães, denominados "administradores de bens". As mercadorias são roubadas e enviadas para a Alemanha. Dos 173 mil pequenos comerciantes e pequenos artesãos judeus de Varsóvia, 95 mil se veem, de súbito, sem emprego e sem meios de subsistência. Essa situação é ainda mais dramática levando-se em conta que a comunidade já estava consideravelmente enfraquecida em termos econômicos antes da eclosão da guerra, que destruiu de forma expressiva grande número de suas empresas.

Já em julho de 1940, um relatório traça as grandes linhas da política de erradicação dos judeus do sistema econômico do Governo Geral:

A segunda questão é estabelecer o grau de participação ativa permitida aos judeus na economia. Não há nenhuma dúvida de que os judeus não devem ter acesso à indústria, a operações no atacado no campo *import-export*, a bens imobiliários, a bancos, a companhias de seguros, a empresas de transporte e à administração dos entrepostos. Devemos examinar se é necessário eliminar os judeus do comércio de varejo de porte médio. Ao que parece, ainda não é possível expulsá-los completamente do comércio no atacado, em especial do fornecimento de matérias-primas.[64]

Menos de um ano depois da entrada dos alemães em Varsóvia, 75% das empresas comerciais, artesanais e industriais judaicas estão sob a administração judiciária. As profissões liberais não são poupadas. Os advogados são impedidos de exercer sua profissão. A partir de 6 de março de 1940, médicos, dentistas e parteiras não estão mais autorizados a aceitar pacientes não judeus. O decreto de dezembro de 1939, que estipula um "levantamento obrigatório dos bens judeus", não passa de um prelúdio ao seu confisco. Com efeito, por força do decreto promulgado por Goering em 17 de setembro de 1940, todos os bens e ativos dos judeus são confiscados, exceto os bens pessoais e mil reichsmarks em espécie. Em seguida, bloqueiam-se as contas bancárias. Doravante, os judeus não têm o direito de retirar mais de 250 zlotys por semana e só podem dispor de 2 mil zlotys em espécie. Em janeiro de 1940, são obrigados a depositar no banco as notas de 500 e de 100 zlotys. E não têm mais o direito de ganhar mais de 500 zlotys por mês, nem de possuir ouro e joias. Os aposentados já não recebem a aposentadoria. Para sobreviver, a população é obrigada a liquidar seus poucos bens. A maioria se vê mergulhada na penúria, como afirma Chaim Kaplan em 21 de agosto de 1940: "A vida se tornou de fato muito difícil de suportar. A corda em volta de nosso pescoço aperta mais a cada dia. Estamos sendo estrangulados pouco a pouco."[65]

Multiplicação das medidas antijudaicas

Ao mesmo tempo, uma série de medidas implementa a política de repressão e humilhação. Os judeus não podem mais mudar de domicílio. Seus aparelhos de rádio são confiscados. Já não lhes é permitido ir a restaurantes, lugares públicos, piscinas, bibliotecas, espaços de lazer e cultura, jardins públicos e parques. Não obstante, há mães que desafiam essa proibição e levam os filhos clandestinamente aos parques, correndo o risco de sofrer punições severas. Chaim Kaplan se entristece ao ver as crianças privadas dos deleites da natureza.

> Por toda parte onde se plantou uma árvore ou onde há um banco, as crianças judaicas estão proibidas de brincar. Dói o coração ver a tristeza de nossas crianças. Crianças que ignoram o pecado são obrigadas por um vencedor cruel a ficar na rua, ao passo que as outras de sua idade se divertem em parques meio vazios. Mas não há nada que com o hábito não acabe por se tornar uma segunda natureza. As mães judias já estão habituadas à sua triste sorte, e, para não privar seus bebês da luz do sol, se postam com seus carrinhos em todos os lugares onde os raios alcançam, seja uma praça, um canto de calçada ou um terreno baldio.[66]

Os judeus são submetidos a um toque de recolher cujos horários são diferentes dos que se aplicam aos não judeus.

Emanuel Ringelblum relata a execução do doutor Kupermann, por ter saído depois das 20 horas, embora tivesse permissão por escrito para isso.[67] Aos judeus, já não é permitido tomar os mesmos bondes que os poloneses. Num primeiro momento, proíbe-se que viajem nos mesmos vagões que estes; posteriormente, são obrigados a usar os bondes que exibem a estrela de Davi. Emanuel Ringelblum conta algumas histórias em que o senso de humor ainda resiste: "Alguns judeus dizem: 'Finalmente temos um trem com a estrela judaica.' 'E com uma mezuzá também', acrescentam outros."[68] Ele relata também uma altercação entre judeus assimilados e não assimilados num bonde a eles reservado: "Cenas nos bondes: um judeu com uma viseira na cabeça e um cachecol vermelho no pescoço grita para uma judia que fala com ele em polonês: 'Num bonde judeu, temos de falar iídiche!' Outro grita: 'E hebraico, hebraico também!'"[69] E conta o caso de um polonês que insistiu em subir num trem reservado aos judeus gritando: "Eu não sou antissemita!"[70]

A partir de 26 de outubro de 1939, não se permite mais aos judeus assar pão, nem realizar o abate ritual. Em janeiro de 1940, os cartões de racionamento são distribuídos a toda a população de Varsóvia. Os judeus dispõem de um cartão de cor diferente, estampado com a estrela de Davi, e só podem comprar alimentos em mercearias de judeus. Nem todas as medidas, porém, são seguidas. Como explicou um comerciante a Ringelblum: "Se tivermos de cumprir a lei, só nos restará nos jogar no Vístula. Não podemos respeitar todos esses regulamentos."[71] Em 17 de agosto de 1940, Chaim Kaplan menciona em seu diário a incrível coragem dos judeus poloneses: "Nos dias de desgraça em que vivemos, nossa vida é como a dos marranos. Apesar de fazermos tudo o que devemos fazer, tudo nos é proibido. Nós, judeus, somos expulsos de todos os ofícios, mas ainda assim conseguimos ganhar a vida. É verdade que o fazemos com dificuldade, mas conseguimos sobreviver."⁷²

O ressurgimento do antissemitismo polonês

Durante esse período, e já nos primeiros dias da entrada dos alemães em Varsóvia, grande número de depoimentos dá conta da brutal mudança de atitude dos poloneses em relação aos judeus. A partir desse momento, Régine-Frydman se tornou, para suas amiguinhas de edifício, *zydouwka*, "a judia [suja]".⁷³ Como relata Chaim Kaplan, esse antissemitismo é estimulado pelas autoridades de ocupação:

> É como se os nazistas dissessem: "Nós tiramos sua independência política. Em troca, porém, vamos lhes dar independência econômica. Até o presente momento, toda a vida econômica do país era controlada pelos judeus. Doravante ela passará para as mãos de vocês. Durante toda a vida, vocês lutaram contra a peste judaica e nada conseguiram. Nós mostrar-lhes-emos como resolver o problema. Sob nosso domínio, os judeus serão expulsos de todos os postos que ocupam, dando lugar a vocês."⁷⁴

O resistente Jan Karski evoca dois tipos de comportamento dos poloneses em relação ao antissemitismo: há os que são decididamente contrários e os que o aprovam com curiosidade, talvez até com fascinação, ao mesmo tempo que condenam o primeiro grupo por sua "indiferença diante de uma questão tão importante".⁷⁵ A exemplo dos invasores, alguns dos que pertencem ao segundo grupo aproveitam a situação para agredir e espoliar os judeus na rua ou para se lançar à pilhagem dos bens, das empresas e dos apartamentos de seus vizinhos. Visto que também enfrentam condições difíceis impostas pelo invasor alemão, eles justificam seus atos alegando que os judeus desfrutam de uma situação melhor que a deles. Eles não compreendem por que não são presos e enviados aos campos de concentração, como é o caso de grande número de intelectuais, dirigentes políticos e sindicais poloneses depois de 1939. Eles se perguntam por que a prisão e posterior deportação de trabalhadores para a Alemanha só atingem os não judeus.

O jornal clandestino dos antissemitas nacional-democratas reflete esse estado de espírito contrapondo os sofrimentos de uns aos de outros: "É verdade que os judeus são espancados, mas os poloneses são fuzilados. É verdade que os judeus são obrigados a trabalhar, mas os poloneses são deportados para trabalhar no estrangeiro. E assim por diante."[76]

Apesar do considerável aumento das brutalidades cometidas não apenas por poloneses desclassificados, mas também por estudantes, as autoridades alemãs fingem não ver. Em 28 de março de 1940, Adam Czerniakow protesta vivamente junto a Fritz Arlt[xi] contra essas violências e a total indiferença da polícia. Também os membros do Bund começam a reagir aos agressores. Depois de ter castigado severamente um delinquente que tinha puxado os cachinhos laterais e a barba de um judeu chassídico, o que provocou grande tumulto, um operário do matadouro chamado Fridmann foi fuzilado. Na Páscoa de 1940, os militantes do Bund, dirigidos por Bernard Goldstein, enfrentam com sucesso delinquentes poloneses. Um mês depois,

---

xi. Chefe do Departamento da População e de Assistência Social da administração do Governo Geral de Cracóvia.

em 28 de maio de 1940, uma dezena de judeus foi presa por ter agredido um polonês de origem alemã na rua Gesia.

Fugir a qualquer custo

Cerca de trezentos mil judeus poloneses resolvem refugiar-se nas zonas ocupadas pela União Soviética. Testemunhas ou vítimas de violências praticadas por soldados alemães, eles decidem atravessar a fronteira germano-soviética, que ficou aberta durante algumas semanas. São, em sua maioria, jovens, mas têm consciência da dura realidade que os espera, como testemunha Chaim Kaplan em 13 de outubro de 1940:

> Milhares de jovens partiram a pé para a Rússia, ou, antes, para as regiões conquistadas pelos russos. Eles consideravam os bolcheviques messias redentores. Mesmo os abastados prestes a ficar pobres sob o regime bolchevique preferiam os russos aos alemães. Eles sabiam que seriam roubados tanto num lado quanto no outro, mas os russos roubam as pessoas enquanto cidadãos, ao passo que os nazistas as roubam pelo fato de serem judias.[77]

Entre os que se refugiaram na zona ocupada pela União Soviética, alguns decidem voltar para Varsóvia e para outros lugares da Polônia a fim de reencontrar suas famílias, ou devido às dificuldades econômicas que tinham de enfrentar.[xii]

---

xii. As autoridades soviéticas decidiram proceder à deportação dos judeus poloneses para o Leste, principalmente os que se recusavam a aceitar a cidadania soviética.

Até o verão de 1940, na Polônia ocupada, um punhado de jovens recebe permissão para emigrar para o estrangeiro de forma mais ou menos legal, com a condição de comprar vistos a preços exorbitantes. Em janeiro de 1940, o militante do Bund Szmul Zygielbojm consegue sair da Polônia e ir para os Países Baixos, passando pela Alemanha. Em 20 de dezembro de 1939, Apolinary Hartglas, membro do primeiro Judenrat de Varsóvia, parte desta, passando por Trieste, até chegar, por fim, a Jerusalém. O rabino Joseph Isaac Schneersohn, líder espiritual do movimento Lubavitch, consegue atravessar a Europa e alcançar os Estados Unidos. No curso do ano de 1940, a organização Hicem[xiii] facilita a emigração legal. Outros conseguirão deixar a Polônia mais tarde, valendo-se de meios ilegais. A partir de 23 de novembro de 1940, toda a emigração é formalmente proibida pelo RSHA. Em 17 de abril de 1941, Emanuel Ringelblum registra em seu diário a emigração de um pequeno grupo de sete *chalutzim*, pioneiros sionistas, para a Palestina, passando por Bratislava, ao custo de 1,2 mil zlotys por pessoa. Posteriormente, alguns moradores do gueto conseguirão adquirir passaportes sul-americanos mediante pagamento de grandes somas a agentes que tinham ligações com a Gestapo.

Grande parte dos dirigentes políticos, dos membros da Kehilá e dos responsáveis comunitários judeus foge da Polônia ocupada já no início da invasão alemã, deixando os judeus de Varsóvia com um sentimento de angústia e abandono. "Mais do que nunca, os trezentos mil judeus que lá habitam se sentem sós e desamparados"[78], escreve Marek Edelman. Todavia,

---

xiii. Ou Hias, Hebrew Sheltering and Immigrant Aid Society, organização de auxílio aos imigrantes judeus.

alguns dirigentes da comunidade optam por permanecer, considerando que é seu dever continuar a cumprir sua missão. Em 12 de fevereiro de 1940, Czerniakow recusa o passe livre para a Palestina que lhe foi oferecido. Quando a mesma prerrogativa é oferecida a Janusz Korczak, ele também decide ficar: "Se eu tivesse partido antes, sentir-me-ia um desertor. Deve-se permanecer em seu posto até o último instante."[79] Em fins de agosto de 1939, Emanuel Ringelblum encontra-se em Genebra, na qualidade de delegado no 21º Congresso Sionista Mundial. Apesar dessa excelente oportunidade, ele decide voltar para Varsóvia, ao cabo de uma longa e perigosa viagem em que passou por Itália, Iugoslávia e Hungria.

Em contrapartida, vários membros do Judenrat deixam a Polônia: Apolinary Hartglas, Szmul Zygielbojm, Abraham Weiss e Chaim Szoszke. Em 29 de novembro de 1939, diante da Histadrut, a organização sindical do mandato britânico da Palestina, Berl Katznelson, um dos principais dirigentes sionistas socialistas do Yishuv, os judeus de Israel, critica com veemência os membros do movimento sionista Hechalutz, que fugiram da Polônia em 1939. "Sinto-me dominado nestes dias por uma terrível vergonha que nunca tinha sentido antes. Eu não imaginava que nosso movimento pudesse ser capaz de tal baixeza."[80] Essas fugas motivam o desprezo da comunidade, que acusa esses quadros de terem abandonado o navio "numa hora difícil, deixando tudo para trás".[81]

SEGUNDA PARTE

O GUETO DE VARSÓVIA

"Cada cidade tem suas 'realizações', Varsóvia teve o maior gueto do continente, e talvez mesmo da história da humanidade."

Edward Reicher, Une vie de juif, l'odyssée d'un médecin juif en Pologne, *1939-1945, Paris, Lieu Commun, 1990, p. 65.*

"Nós apodrecemos numa prisão como nunca antes existiu, porque o gueto que os alemães nos reservaram não tem nem modelo, nem precursor na história da humanidade."

Abraham Lewin apud George Eisen, Les Enfants pendant l´Holocauste, *Paris, Hachette Littérature, 1995, pp. 46-47, coleção Pluriel.*

1
Yom Kippur 1940: a criação do gueto

Em 4 de novembro de 1939, um sábado, cerca de um mês após a entrada das tropas alemãs em Varsóvia, o *Generalleutnant* Karl-Ulrich Neumann-Neurode, responsável pelo comando militar da capital, e o SS-*Standartenführer* do Einsatzkommando 2, o doutor Rudolf Batz, convocam os 48 membros do Judenrat (24 titulares e 24 suplentes): estes últimos têm três dias para avisar à população judaica que deve se mudar para uma área delimitada em razão do risco de epidemia de tifo. Para pressioná-los, as autoridades alemãs aprisionam alguns de seus membros na rua Danilowicsowska. Uma delegação do conselho formada por Czerniakow, Hartglas e Weiss dirige-se no dia seguinte à casa de Neumann-Neurode. Este não tinha sido informado das prisões. Para grande alívio de Adam Czerniakow, os reféns são libertados.

Por que essa reviravolta por parte das autoridades alemãs? Trata-se, talvez, de uma manobra com o objetivo de mostrar à população que o Judenrat dispõe de uma margem de negociação, de fazê-la tomar consciência de que é importante obedecer ao Judenrat, único interlocutor junto às autoridades alemãs.

É possível, também, que os problemas logísticos e econômicos decorrentes da instituição do gueto não tivessem sido ponderados suficientemente pelas autoridades de ocupação, sobretudo os que decorrem da presença, no bairro, de empresas ou fábricas pertencentes a não judeus. A menos que se tratasse de uma rivalidade entre a SS e o comando militar da cidade de Varsóvia. Marcel Reich-Ranicki vê nisso, antes, a consequência de uma ordem improvisada por responsáveis SS não graduados, desprovidos de instrução e incapazes de aquilatar o alcance das medidas que impõem. "Isso ficava evidente pelo simples exame das cartas e notas que eles redigiam."[82]

Bairro fechado

Em 18 de novembro de 1939, como um primeiro sinal do gueto que está por vir, Czerniakow recebe a ordem de afixar cartazes na entrada das ruas de uma parte da cidade velha com a seguinte inscrição: *"Achtung Seuchengefahr, Entritt verboten*[83] (Atenção, perigo de epidemia, entrada proibida)." O bairro judeu agora é uma zona de epidemia (*Seuchengebiet*), onde é proibida a entrada dos soldados alemães. Em compensação, os poloneses e os *Volksdeutsche* têm permissão de entrar.

Os judeus continuam tendo o direito de residir e trabalhar fora dessa zona, e não se usou expressamente o termo "gueto" nem nos decretos, nem nas circulares, nem nas publicações oficiais alemãs. Não obstante, o *Warschauer Zeitung* publica uma reportagem cujo título é significativo: "O gueto — um universo depravado."[84] Cinco dias depois, o jornal sai com outro artigo comunicando o enclausuramento do bairro judeu com barricadas.[85]

Em 18 de janeiro de 1940, chega a Varsóvia Waldemar Schön, encarregado por Ludwig Fischer, governador do distrito da cidade, de estudar a possibilidade de transferir populações com vistas à criação de um gueto. A princípio cogitara-se instaurá-lo próximo a Praga, na margem oriental do Vístula, mas, por razões econômicas, esse projeto foi abandonado em março de 1940. Durante o mesmo período, o SA-*Oberführer* doutor Jost Walbaum, diretor do Departamento de Saúde do Governo Geral, e o doutor Kaminski, do distrito de Varsóvia, recomendam a criação de "bairros fechados" rodeados de muros e pavimentados pelos judeus, por razões "médico-políticas".

Outro projeto, que previa a criação de dois guetos na capital — um a oeste (Kolo e Wola), outro a leste (Grochow) —, também foi rejeitado. Com efeito, o projeto de Madagascar continua sendo a primeira opção dos dignitários nazistas até o verão de 1940. Foi uma epidemia de tifo que acelerou e justificou o estabelecimento do gueto.

Tifo e guetização

O serviço de saúde do Inland (Ministério do Interior), e especialmente os doutores Arnold Lambrecht, chefe dos serviços de saúde de Fischer, e Wilhelm Hagen, responsável pela saúde pública da cidade, têm um papel decisivo na criação do gueto, alegando sua necessidade por razões pseudomédicas.

Segundo os médicos alemães, os judeus seriam os vetores de doenças infecciosas perigosas, talvez até mortais. Em suas pesquisas, Hagen concluiu que eles seriam predispostos a contrair tifo.[i] Assim sendo, podiam contaminar os soldados alemães e a população polonesa, o que justifica seu isolamento numa zona de quarentena.

---

i. Posteriormente, em 1973, esse epidemiologista alemão explicou que os judeus haviam adquirido imunidade contra a tuberculose devido à seleção "impiedosa" que assolava os guetos medievais, mas que eles corriam um risco maior de contrair tifo.

Os serviços de propaganda nazistas retomam essa teoria em suas campanhas, declarando que os judeus não respeitam as regras de higiene e vivem em moradias insalubres infestadas de piolhos. Eles mandam afixar cartazes nas ruas de Varsóvia representando um judeu com a barba cheia de piolhos e o slogan "Judeus, piolhos, tifo". Em 19 de dezembro de 1940, Hans Frank viria a declarar: "Para falar a verdade, não poderei eliminar nem todos os piolhos, nem todos os judeus em um ano. Mas com o tempo chegaremos lá."[86]

Põe-se em prática, pois, a guetização, alegando ser uma medida de saúde pública urgente, visando a proteger os soldados alemães que, com os planos de invasão à União Soviética, são cada vez mais numerosos na Polônia. Segundo os médicos nazistas, a delimitação do bairro sob quarentena por um muro é uma medida preventiva suplementar para reduzir a expansão da epidemia.[ii] Em 27 de março de 1940, o Judenrat recebe a ordem de mandar construir o muro.

A construção do muro de três metros de altura começou em abril de 1940 — e só se encerraria no verão de 1941. Apesar da oposição, num primeiro momento, de Czerniakow, foi financiada pelo Judenrat e contou com mão de obra judaica. Em 10 de maio de 1940, o presidente do Judenrat não se deixa enganar. Ele escreve: "Recebi hoje o projeto da zona fechada de Varsóvia. Querendo-se ou não, trata-se de um gueto."[87]

Em 7 de agosto de 1940, um decreto divide Varsóvia em três setores — alemão, polonês e judeu. Essa informação deixa os judeus bastante consternados, e muitos não conseguem entender

---

ii. No curso da Primeira Guerra Mundial, os alemães já tinham considerado que os judeus eram particularmente predispostos ao tifo. Além disso, o governo alemão proibira os deslocamentos, em seu território, de judeus originários dos territórios ocupados.

a finalidade dessa medida. Em 12 de setembro, Hans Frank anuncia aos responsáveis de sua administração sua decisão de fechar o bairro, sob o pretexto de que "o perigo representado por esses quinhentos mil judeus é tão grande que precisamos eliminar toda a possibilidade de que nos causem mal".[88]

A instituição do gueto

Em 2 de outubro de 1940, na véspera do Rosh Hashaná, Fischer ordena que se crie na cidade um bairro exclusivamente judeu. Ele alega três objetivos: eliminar a influência dos judeus na Polônia, reduzir seu peso econômico e preservar a saúde da população. Essa decisão foi tomada quando a amplitude da epidemia já tinha diminuído consideravelmente.[iii] Como escreve o professor Ludwik Hirszfeld[iv], que antes da guerra chefiara a divisão de bacteriologia e de medicina experimental e a seção de pesquisa sérica do Instituto de Higiene do Estado Polonês:

> A sensação de estar metido numa prisão é reforçada pelo fato de poder se deparar, a qualquer momento, com um muro com arame farpado. É dessa maneira que as autoridades pretendem isolar os portadores de micróbios mortais. Essa tese foi defendida por pessoas que se pretendem "doutores", quando há muito tempo se sabe que a ciência aboliu as quarentenas medievais, não apenas por serem desumanas, mas também porque eram

---

iii. Segundo o jornal judeu *Gazeta Zydowska* de 24 de outubro de 1940, os primeiros casos de tifo foram notificados em dezembro de 1939. Notificam-se 407 casos em abril de 1940, e a partir de agosto do mesmo ano o número começa a declinar.

iv. Ele fugiu do gueto com sua família graças a suas relações com poloneses. Depois da guerra, fundou o Instituto de Imunologia da Breslávia.

ineficazes. Ineficazes? E daí? Seu objetivo não é deter uma epidemia, mas eliminar judeus.[89]

Ele lembra também uma história:

Um dia, os turcos resolveram se livrar de todos os cães de Istambul. Seus costumes os proibiam de matar animais. Então eles transportaram os cães para uma ilha deserta, onde podiam devorar uns aos outros. Essa maneira de livrar-se dos cães foi considerada cruel e indigna. Mas isso foi antigamente. Hoje em dia, os alemães resolveram destruir os judeus. Eles devem sucumbir à fome, aos piolhos e à sujeira, ou, como os cães de Istambul, entredevorar-se.[90]

Muitos judeus pensaram que a instauração iminente do gueto não passava de um boato que devia ser ignorado. O próprio Kaplan escreveu em 3 de outubro: "O medo do gueto passou. Corre a notícia de que o projeto foi adiado, alguns dizem que por um mês, outros que por três meses."[91] Mas ele está ciente de que a falta de perspectiva sobre o próprio destino deixa os judeus cada vez mais nervosos: "Mas só de pensar no gueto ficamos com os nervos abalados. É difícil viver numa época em que nunca se pode estar seguro do amanhã, e não existe tortura maior que a da espera. É a tortura dos condenados à morte."[92]

Ao fim do dia 12 de outubro de 1940, os judeus reunidos nas sinagogas para celebrar o Yom Kippur são informados, por meio de veículos munidos de alto-falantes, que deverão instalar-se no bairro judeu até a data-limite de 31 de outubro de 1940. Chaim Kaplan conta que um rabino interrompeu a oração de encerramento do Yom Kippur quando soube da notícia: "Imediatamente, ele renunciou à Neilá e voltou a sentar-se. Não é mais possível rezar quando se fecham 'as Portas da Graça'. Será que Israel não tem um Deus? Por que ele não nos traz Sua ajuda e Seu socorro nesses tempos de desgraça?"[93]

Naquele dia, Czerniakow foi informado por Waldemar Schön da criação do gueto "em nome da humanidade".[94] Ele recebe um mapa do bairro alemão, que compreende o centro e a rua Nowy Swiat e, em separado, um mapa do gueto. Toma ciência de que as zonas vizinhas ao gueto são destinadas a abrigar a população polonesa e que ninguém tem o direito de levar seus móveis consigo. A população judaica mergulha na angústia. Muitos se questionam como lhes será possível continuar sua atividade profissional. "Como eles iriam viver?", pergunta-se Ringelblum. "A única esperança era a de que o gueto fosse um espaço aberto, isto é, que seus habitantes pudessem sair e entrar livremente pelos seus 22 portões."[95]

Mas essa esperança se desfaz em julho de 1941, quando Hagen propõe a Fischer uma nova medida que visava, supostamente, prevenir a transmissão do tifo: "Toda pessoa que sair do bairro judeu poderá sofrer castigo corporal e, caso disponha de recursos, terá de pagar também uma multa pesada. Os judeus que caírem na vagabundagem deverão ser fuzilados."[96]

Transferência no caos

Entre 12 e 31 de outubro de 1940, assiste-se a uma transferência de cerca de 138 mil judeus, amontoados numa massa confusa, para a "zona proibida" (zona fechada de epidemia, *Seuchensperrgebiet*). "Os judeus são tomados por uma grande inquietação", conta Emanuel Ringelblum. "Ninguém sabe se amanhã vai dormir em sua própria cama. Os que moram no bairro ao sul ficam o dia inteiro em casa, esperando a hora em que virão expulsar os judeus."[97]

Os 131 mil poloneses e os 27,7 mil alemães que se encontram nessa área terão de se mudar. Isso dá lugar a inúmeras cenas de fugas desordenadas, como relata Bernard Goldstein: "O clima que reinou, então, foi de um pânico alucinado, de lamentações desvairadas, cenas dantescas. Viam-se pessoas desesperadas, dilaceradas pela dor, correndo ao léu, olhos cheios de espanto, em busca de uma carroça que pudesse transportar alguns objetos pessoais que tinham conseguido salvar."

Goldstein prossegue: "Começou o êxodo dos que foram expulsos. Longas filas de carroças, carrinhos de bebê, veículos incomuns com crianças às lágrimas e enfermos estendiam-se dos bairros proibidos até o gueto. Homens e mulheres avançavam com muito custo, arrasados pela amargura e pelos sofrimentos."[98]

Toshia Bialer também descreve o caos que reina nas ruas da capital:

> No gueto — como alguns de nós tínhamos começado a chamá-lo, meio ironicamente, meio de brincadeira —, o caos é indescritível. Milhares de pessoas se precipitam para procurar um lugar onde morar. Todas as residências já estavam cheias, e continuava a chegar mais gente, mas ainda assim se encontrava lugar. [...] As ruazinhas abarrotadas dos bairros mais antigos de Varsóvia estavam coalhadas de carroças cujos proprietários iam de casa em casa fazendo sempre a mesma pergunta inevitável: Tem lugar? Suas coisas preenchiam as calçadas. Crianças perambulavam perdidas, aos prantos, pais corriam para todos os lados procurando-as, e seus gritos se perdiam em meio à barulheira ensurdecedora de meio milhão de pessoas desenraizadas.[99]

Há duras negociações entre os judeus e os poloneses não judeus, que trocam seus apartamentos. Alguns poloneses, porém, valendo-se de uma ordem de requisição emitida pela prefeitura, aproveitam a oportunidade para apropriar-se dos apartamentos das famílias judaicas, privando-as, assim, de toda a possibilidade de troca.

Concentrados numa área tão reduzida, nem todos conseguem lugar para morar. Além do mais, a lei da oferta e da procura provoca um aumento dos aluguéis. Os poloneses trocam apartamentos minúsculos no bairro judeu por outros mais amplos no bairro polonês. Em consequência, muitos judeus são obrigados a se instalar em grande número num mesmo apartamento, com parentes e amigos. Outros, que vêm da periferia de Varsóvia, principalmente do bairro de Praga, não dispõem de recursos financeiros necessários e são obrigados a alojar-se nos porões, nos pátios, nas escadas — ou então ficam na rua.

Em 1º de novembro de 1940, a população é informada por alto-falantes que a data-limite foi adiada para 15 de novembro. Em seguida, concede-se um prazo de duas semanas, até 1º de dezembro, às fábricas, oficinas e pequenas lojas.

Todo o processo se dá sem maiores problemas, para grande surpresa das autoridades de ocupação, como mostra o relatório datado de 20 de janeiro de 1941, de Waldemar Schön, diretor do Serviço de Deportação do Distrito de Varsóvia: "No total, conseguimos transferir 113 mil poloneses e 138 mil judeus. [...] Surpreende o fato de que essa operação, que envolveu cerca de 250 mil pessoas, tenha transcorrido num tempo relativamente curto e sem derramamento de sangue. Só na fase final foi preciso recorrer à pressão da polícia."[100]

Para Ringelblum, esse episódio significa um triste retrocesso: "Nós voltamos à Idade Média. [...] No passado, os judeus criaram para si um universo à parte, esqueciam todas as suas provações vivendo nele, se isolavam completamente do mundo exterior. Em termos comparativos, a presente expulsão é uma das piores da história do povo judeu."[101]

Conscientes de que os judeus comparam sua situação com a de seus ancestrais, as autoridades de ocupação proíbem o uso do termo "gueto". Elas exigem expressamente que se use o termo "bairro fechado" (*zamknieta dzielnica*) ou simplesmente "bairro" (*dzielnica*).

O fechamento dos portões

Em 15 de novembro de 1940, os 22 portões do gueto[v] são fechados, e cada um deles passa a ser vigiado dia e noite por seis sentinelas: dois guardas alemães (*Shutzpolizei* ou *Ordnungspolizei*), dois policiais poloneses (*Policja granatowa*) e dois membros da polícia judaica. No dia seguinte, 16 de novembro, o gueto é oficialmente isolado do resto da cidade. Segundo Emanuel Ringelblum, esse anúncio soa aos ouvidos dos habitantes "como um trovão".[102] É quando eles tomam consciência de ter caído numa armadilha e passam a viver no que um jornal clandestino descreve como "a maior prisão do mundo".[103] Szpilman compara o gueto a um zoológico: "Dir-se-ia tratar-se de animais que, de repente, se encontram enjaulados e vagam em todos os sentidos, ainda não habituados ao cativeiro."[104] Para Emanuel Ringelblum, os judeus de

---

v. Esses 22 portões seriam reduzidos a quinze, em janeiro de 1941, e a quatro, em julho de 1942.

Varsóvia constituem uma "livre sociedade de escravos".[105] De sua parte, Chaim Kaplan considera que, a partir daí, o gueto é "um Estado fechado, coagido, aprisionado e mumificado entre fronteiras estreitas".[106] Horrorizado com o que vê, um guarda polonês declara a um policial judeu: "Só o diabo pode ter concebido o plano de estrangular desse jeito quatrocentos mil seres humanos."[107]

Muitos se viram privados de sua empresa, de seus estoques de mercadorias, agora escondidos na zona "ariana", onde havia cerca de 3,7 mil empresas judaicas. A princípio, 53 mil judeus dispunham de passes especiais que os autorizavam a entrar e sair do gueto. É o caso dos médicos do hospital judeu, situado fora da área do gueto. Mas, depois do protesto do doutor Lambrecht, chefe dos serviços de saúde da cidade, o número de passes foi reduzido. Segundo ele, seu número excessivo contraria os próprios objetivos do gueto.

De sua parte, o Judenrat continua a manter relações privilegiadas com os serviços municipais de Varsóvia, que agora estão sob a tutela administrativa alemã. Adam Czerniakow e o prefeito de Varsóvia, Julian Kulski, discutem regularmente questões relativas ao pagamento das contas e dos impostos que se cobram no gueto (impostos prediais, impostos locais, contas de gás, eletricidade e água). Alguns empregados poloneses não judeus têm autorização de entrar no gueto para manter em funcionamento infraestruturas como esgoto, água encanada e redes telefônica, de gás e elétrica. Alguns se aproveitam disso para fazer contrabando ou extorquir dinheiro. Em seu testemunho, Emanuel Ringelblum lembra o corte de energia, em fevereiro de 1941, do hospital judeu da rua Leszno, por falta de pagamento de uma conta, no momento em que se fazia uma cirurgia. Em resposta ao doutor Borkowski, que pede mais cinco minutos para terminar a operação, os funcionários poloneses dizem: "Isso não tem importância, haverá um judeu a menos, só isso."[108]

Vivendo com os seus iguais

Segundo sua natureza otimista ou pessimista, os habitantes do gueto veem sua nova situação de maneira totalmente discordante. Ringelblum lembra "um certo alívio" porque o período de incerteza havia terminado. "A princípio, a sobrevivência parecia possível", observa ele, e o clima de terror acabava. "A polícia do Judenrat mantinha a ordem. Não havia nenhuma unidade da SS nem da Wehrmacht acantonada no gueto, e poucos uniformes alemães eram vistos por lá. No máximo, o que havia eram visitas em grupo de soldados e civis alemães, para os quais a visão dos sofrimentos dos judeus parecia constituir uma forma de diversão."[109]

Mas esse alívio tem curta duração. "Não existe lugar mais propício que o gueto para roubos e assassinatos em plena luz do dia", conta Chaim Kaplan. "Aqui, nenhum olho nos vê, nenhum ouvido nos escuta. Os arianos partiram, e os nazistas não têm a menor vergonha diante dos judeus, que eles não consideram como seres humanos."[110]

Da mesma forma, alguns judeus estão convencidos de que o gueto vai desaparecer quando os americanos souberem de sua existência. Alguns meses depois, porém, eles se dão conta de que sua situação não tem o menor interesse para a imprensa de fora: "Onde estão vocês, correspondentes de jornais dos países estrangeiros?", pergunta-se Mary Berg. "Por que não vêm aqui para descrever as cenas de horror que se veem no gueto? Vocês não querem perder o apetite ou acreditam no que os nazistas lhes dizem? Vocês acham mesmo que eles trancaram os judeus no gueto para 'preservar a população ariana da sujeira e das epidemias?'"[111]

Os judeus do gueto se sentem abandonados pelas nações do mundo livre e pelos judeus que lá habitam. Sente-se uma tristeza amarga na carta que Zivia Lubetkin[vi] envia de Varsóvia, em dezembro de 1940, aos membros do movimento sionista na Palestina: "Mais de uma vez, decidi deixar de lhes escrever [...]. Não contarei aqui aquilo por que estamos passando, mas saibam que mesmo uma palavra de conforto vinda de vocês seria suficiente. [...] A contragosto, porém, devo aceitar o seu silêncio, mas não o perdoarei jamais."[112]

Logo só restam duas maneiras de passar pelos portões: alistamento num batalhão de trabalhos forçados ou, então, a morte. Como bem explicou Wladyslaw Szpilman, o gueto dá uma falsa impressão de liberdade devido às multidões que circulam nas ruas. Isso cria a ilusão de uma vida normal, numa cidade normal, mas com uma diferença evidente: a existência de muros intransponíveis. "As ruas do gueto, e apenas elas, sempre vão dar num muro. Muitas vezes me acontecia de sair andando ao acaso, sem um objetivo definido, e sempre me surpreendia ao me deparar com uma dessas barreiras."[113] "Sim, a ilusão era perfeita, todos os ingredientes estavam reunidos para que você acreditasse nisso, até o momento em que se deparasse com o muro."[114] O fato de viver no gueto constitui uma verdadeira tortura psicológica:

---

vi. Cywia Lubetkin, chamada de Celina (1914-1978), militante do Dror, membro da OJC, combateu no levante do gueto e, posteriormente, na insurreição de Varsóvia. Em 1946, emigrou para a Palestina e foi cofundadora do *kibutz* Lohamei HaGeta'ot.

Uma privação tão radical da liberdade tem influência direta e indubitável sobre as relações que um ser humano trava com o mundo real. Nessa situação, nenhuma ilusão é possível: o cárcere é o universo em si, onde há apenas o enclausuramento, sem nenhum contato com esse planeta longínquo em que os homens vão e vêm sem dificuldade. Se você tem tempo e disposição, pode sonhar com esse outro mundo. Se decidir esquecê-lo, porém, ele não virá apresentar-se a você por conta própria. Ele não estará sempre lá, sob seus olhos, a atormentá-lo, lembrando como era a existência de um ser livre, que outrora foi a sua.[115]

As opiniões dos habitantes do gueto se dividem no que diz respeito à finalidade das medidas antijudaicas tomadas pelas autoridades de ocupação. Os otimistas acham que cada medida é a última. E a incerteza quanto ao futuro é maior quando se considera que os aparelhos de rádio foram confiscados e os dois jornais aos quais têm acesso são publicados sob a mais cerrada censura. Como conta Marek Edelman, os nazistas procedem a uma verdadeira manipulação psicológica, cujos efeitos sobre a população não tardam a se fazer sentir:

> O isolamento total, a proibição de se criarem jornais, a ausência de qualquer notícia do mundo têm um objetivo preciso: orientar o conjunto dos judeus para uma mesma via. O que se passa para além do muro vai se tornando cada vez mais distante, nebuloso e estranho. Só o que conta é o dia de hoje, os problemas imediatos, as pessoas mais próximas. Pela força das circunstâncias, é a isso que se limita o interesse de um habitante médio do gueto. A única coisa que lhe importa é sua própria vida.[116]

Alguns, em particular os membros dos movimentos de juventude sionistas, recusam essa tendência a voltar-se para si mesmos: "Eu vi um número datilografado de *Liberdade*, o órgão do Hashomer, a Jovem Guarda Sionista", relata Emanuel Ringelblum. Outro órgão dos jovens, a *Contracorrente*, traz um excelente artigo: "Costuma-se dizer que a guerra transforma os homens em feras. Mas nós não queríamos a guerra, não a queremos e não seremos transformados em feras. Somos seres humanos e continuaremos a sê-lo."[117]

Na primavera de 1940, a Alemanha é vitoriosa em todos os fronts. No curso de uma campanha-relâmpago em maio e junho de 1940, os Países Baixos, a Bélgica e a França são derrotados. Nada parece resistir à conquista do mundo pelo Terceiro Reich e seus aliados japoneses e italianos. Nessas condições, a angústia e a incerteza ante o futuro aumentam para muitos judeus do gueto. Um ano depois, em abril de 1941, Ringelblum escreve: "Na verdade, as derrotas dos Aliados desmoralizam o gueto. A situação parece desesperadora e sem saída. Tomamos consciência de que eles decidiram nos matar de fome e que nada, a não ser um milagre, pode nos salvar."[118] Para ele, esse milagre seria que "a guerra terminasse logo. Alguns otimistas acreditavam nesse desenlace. Os outros só esperavam o pior".[119]

A grande questão para todos é saber por quanto tempo serão obrigados a viver em tais condições. Como relatou Larissa Cain: "Nós não sabíamos de nosso futuro. Não sabíamos o que nos esperava. Ignorávamos até quando ficaríamos trancados no gueto."[120] A entrada dos Estados Unidos na guerra representa para os judeus a única circunstância favorável: "Espera-se, e ao mesmo tempo teme-se, a consequência que isso terá para os judeus", escreve Ringelblum em outubro de 1940. "Mesmo os mais otimistas começam a duvidar de poder sobreviver até o fim da guerra, embora acreditem na derrota final da Alemanha. Às vezes nos perguntamos em que eles depositam suas esperanças e como encaram esse fim."[121]

A arma da propaganda

No começo da ocupação, os soldados alemães procuram retratar rostos cujos traços são particularmente grosseiros. Eles fotografam também as barbas dos religiosos judeus. Alguns fotógrafos dos serviços de propaganda produzem clichês de mendigos com corpos intumescidos pela fome, agonizando diante de suntuosas vitrines cheias de comida, a fim de demonstrar o pretenso egoísmo dos judeus. O objetivo evidente dos nazistas é criar uma imagem mentirosa da realidade a fim de mascarar seus crimes aos olhos das gerações futuras. O informe sobre a visita ao gueto escrito por Hubert Neun — cujo verdadeiro nome era Erich Peter Neumann, um jornalista da área de propaganda —, publicado no jornal *Das Reich* em 9 de março de 1941, ilustra bem a visão alemã:

> Sem dúvida, não poderia existir no continente lugar que pudesse oferecer uma amostra tão impressionante do caos e da degenerescência da massa semita. Logo de início, tem-se uma visão da incrível e repulsiva diversidade de todos os tipos judaicos do Leste: uma corja de gente antissocial, que sai em massa de casas sujas e de lojas imundas e percorre as ruas — e, pelas janelas, ainda se vê a série de rostos rabinoides barbudos com óculos fundo de garrafa; um espetáculo assustador.[122]

Em maio de 1941, Emanuel Ringelblum relembra a visita ao cemitério judeu por grupos de turistas alemães, civis e militares, alguns dos quais fotografam os cadáveres depositados no necrotério que serão enterrados durante a noite.

Ao longo da primavera de 1942, as autoridades de propaganda nazistas multiplicam a filmagem de documentários no gueto, a fim de apresentar um quadro idílico da vida de seus habitantes. Em 19 de maio, eles filmam um restaurante com judeus de características físicas caricaturais, que eles forçam a se empanturrar de pratos sofisticados e a rir. Filmam operetas na sala Femina da rua Leszno e o concerto sinfônico que lá é apresentado toda semana sob a direção de Marian Neuteich. Eles fazem um filme com figurantes judeus que são obrigados a interpretar cenas destinadas a ridicularizá-los ou a demonstrar o egoísmo, a crueldade e a lubricidade dos judeus. Eles encenam uma luxuosa recepção pretensamente organizada pelo presidente do Judenrat, ou a prisão de um soldado alemão por dois policiais judeus, ou ainda religiosos judeus dançando em volta de cadáveres nus num cemitério. Os cineastas filmam cenas pornográficas nos banheiros públicos com homens e mulheres que eles obrigam a tirar a roupa e a lavar uns aos outros. Ameaçando-os com armas, forçam rapazes a ter relações sexuais com mulheres idosas, ou moças com homens idosos. Emanuel Ringelblum conta também que, "nas ruas, eles faziam parar jovens judias, bonitas e vestidas decentemente, e as levavam ao edifício principal do Judenrat; lá, eles as obrigavam a se despir e assumir posturas e praticar atos sexuais obscenos".[123]

2
O Judenrat, um intermediário incômodo

A *Gazeta Zydowska* (Gazeta Judaica), jornal destinado à comunidade sob o controle das autoridades de ocupação, descreve o papel do Judenrat num artigo de 24 de dezembro de 1940:

> A Kehilá tomou agora a forma de um Departamento para os judeus; esse caráter é reforçado com a criação do bairro judeu. A Kehilá deve cuidar para que se cumpram as determinações impostas à população judaica pelas autoridades, além de comunicar as necessidades da população a essas mesmas autoridades. Foi assim que a Kehilá se tornou o único organismo representativo que faz a intermediação das relações da população judaica com o regime.[124]

Esse papel é confirmado pela publicação, na *Gazeta Zydowska* de 14 de março de 1941, de um comunicado oficial, lembrando que, "de acordo com as instruções das autoridades, os judeus de Varsóvia só podem se dirigir a um representante do regime por intermédio do Judenrat. As cartas dirigidas diretamente ficarão sem resposta".[125]

Um papel difícil e objeto de críticas

O Judenrat se vê emparedado entre as exigências cada vez

maiores das autoridades nazistas e as dificuldades crescentes da comunidade.

Esta última alimenta grandes ressentimentos contra o conselho. A primeira queixa, explica Chaim Kaplan, é quanto à falta de qualificação do pessoal encarregado de gerir as muitas tarefas que lhe são confiadas.

> Alguns indivíduos abriram caminho para a cúpula do órgão, indivíduos sem capacidade para estar à frente de uma comunidade judaica, ainda mais quando se trata da maior da Europa, e numa época tão terrível. É uma das consequências inevitáveis da guerra, a calamidade da qual se diz: "Os bons serão rebaixados, e os inferiores, guindados ao escalão mais alto", o que resulta na desgraça de termos chefes que não são talhados para sua função.[126]

A segunda queixa, e a mais grave, é contra a corrupção de que são apontados membros da instituição. Alguns são acusados de aproveitar-se de sua função para enriquecer mediante a concessão de favores ou privilégios. Jonas Turkow exprime claramente sua animosidade:

> Embora se possa dizer, a rigor, algo de bom sobre alguns raros conselheiros e diretores, a saber, que eles tinham as melhores intenções do mundo, que acreditavam no que faziam e desejavam agir da melhor forma possível, a maioria [...] tudo fez para imprimir uma imagem desprezível da instituição e dos judeus: era uma corja de ambiciosos sem escrúpulos que se comportava de maneira indigna, buscando apenas enriquecer e levar uma boa vida, tirando proveito de nossas desgraças.[127]

Apesar de tudo, algumas personalidades, como seu presidente Czerniakow, ainda tomam a defesa do Judenrat. Czerniakow julga a corrupção inevitável, pois a difícil posição da instituição, acuada entre o exigente martelo nazista e a bigorna judaica desorganizada, justifica, segundo ele, que se recorra a pessoas que tenham desenvoltura.

A corrupção é facilitada pelo extraordinário número de pessoas que trabalham no seio dessa administração ramificada em cerca de trinta departamentos e diversas comissões. Essa instituição chegará a ter quase dois mil empregados, com uma polícia de dois mil agentes, dividida em seis comissariados de distrito e até uma prisão. A *Gazeta Zydowska* de 9 de julho de 1940 descreve a efervescência do Judenrat, cujos escritórios, em sua maioria, situam-se

> na rua Grzybowska, número 26. Um edifício vermelho, imponente [...]. No vasto hall, ouve-se um intenso vozerio. As pessoas entram e saem. Diante de alguns guichês, longas filas de espera. É aqui, no térreo, onde se encontram os departamentos de recepção das contribuições para a comunidade, a contabilidade, o caixa, os escritórios do serviço funerário, os arquivos, o departamento das normas cíveis e a comissão jurídica.[128]

E o jornal.

Judeus e policiais

Em 20 de setembro de 1940, Czerniakow foi encarregado de organizar um Departamento de Manutenção da Ordem Judeu (em polonês, Sluzba Porzadkowa; em alemão, Jüdischer Ordnungsdienst). Os policiais não têm uniforme, mas usam botas, uma braçadeira amarela (com inscrição em alemão e em polonês), um boné azul e uma placa metálica no peito com um número. A única arma de que dispõem é um bastão. A partir de 26 de outubro de 1940, a direção da polícia fica a cargo de um judeu convertido, Jozef Szerynski (Szenkman, antes da conversão), ex-tenente-coronel da polícia polonesa. Os primeiros membros da polícia judaica são, em sua maioria, jovens intelectuais impossibilitados de exercer sua profissão (sobretudo advogados ou juristas). Sua principal motivação é furtar-se aos trabalhos forçados. Os efetivos aumentam progressivamente, passando de mil homens, quando de sua criação, a 1,7 mil, em fins de 1941, e a 2,3 mil, no início de 1942.

Num primeiro momento, a polícia inspira respeito à população do gueto. Mary Berg conta em seu diário: "Experimento um sentimento de estranha satisfação quando vejo um policial judeu num cruzamento — antes da guerra, nunca víamos isso."[129] No mesmo espírito, Chaim Kaplan escreve em 21 de dezembro de 1940:

> Os habitantes do gueto começam a ter a impressão de estar em Tel Aviv. Robustos policiais judeus, nossos irmãos, a quem podemos nos dirigir em iídiche! É como um presente do céu para os pequenos comerciantes de rua. O medo da polícia dos gentios mudou de face. Um policial judeu, um homem com sentimentos humanos — um de nossos irmãos —, não derrubará seus cestos, não pisoteará sua mercadoria. Os outros cidadãos do gueto também se sentem aliviados, porque advertências feitas por um judeu não soam da mesma forma como quando vociferadas por um gentio. Elas não são nem rudes, nem grosseiras, e mesmo quando ameaçam encerram uma certa delicadeza, como para dizer "Será que você não compreende?".[130]

Encarregados de garantirem a regulamentação do trânsito urbano, de zelarem pelo respeito à propriedade, de recolherem as taxas e prevenirem crimes e roubos, os policiais não estão livres de humilhações, como conta Mary Berg em 4 de janeiro de 1941. "Ontem, eu mesma vi um guarda nazista obrigar um policial judeu a fazer exercícios perto da passagem do pequeno para o grande gueto, em Chlodna. O jovem terminou perdendo o fôlego, mas o nazista continuou obrigando-o a abaixar-se e levantar-se até que ele tombou num mar de sangue."[131]

No entanto, os policiais logo passam a exaltar os ânimos. A população tolera mal sua solicitude em aplicar as medidas impopulares do Judenrat, como a cobrança de impostos, a escolha de homens para o trabalho forçado e o confisco de bens. Hillel Seidman, judeu chassídico originário de Varsóvia, jornalista, político, explica com clareza:

> Eles levaram seu papel muito a sério, exercendo sua função com um zelo e uma aplicação especiais. Zelo demais e aplicação demais. Em geral, tratava-se de pessoas enérgicas que, na maioria das vezes, empregavam sua energia lá onde ela era menos conveniente: no cumprimento dos sinistros editos alemães. Mas a corrupção, de que a grande maioria deu mostras, lhes valeu um ódio tenaz por parte dos habitantes do gueto.[132]

Até abril de 1941, eles não recebem um salário regular e são pagos com alimentos e rações de pão. Em consequência disso, muitos exigem propinas por quaisquer motivos: em troca de isenções para evitar o trabalho forçado, para a desinfecção de imóveis em caso de tifo ou ainda para fechar os olhos a atos de contrabando. O leitmotiv da polícia judaica se resume a uma expressão: *szafa gra* (abastecer a jukebox).[133] Sua atividade é tão lucrativa que a comissão de recrutamento estabelece uma taxa de entrada de 500 zlotys para todos os candidatos.

Czerniakow explica essa "corrupção da base" pela "insuficiência dos salários, que não garantem a subsistência".[134] Ringelblum se mostra mais severo quando escreve em 17 de abril de 1941: "Os elementos mais suspeitos ingressaram na polícia."[135] Os policiais judeus também são acusados de uso excessivo e imoderado de violência contra as pessoas que eles prendem, principalmente contrabandistas. Apesar disso, os judeus preferem haver-se com eles que com as forças da ordem alemãs e polonesas.

Para lutar contra a corrupção no seio da polícia, Czerniakow criou um comitê de vigilância. Dos 1,7 mil policiais, setecentos são submetidos a inquéritos disciplinares. Dez policiais judeus foram executados em 23 de junho de 1942 por ter subornado guardas alemães para facilitar a ação de contrabandistas. Mas a margem de manobra do comitê é limitada, e, incapazes de modificarem os costumes corrompidos, seus membros se demitem.

Não obstante, há policiais judeus que têm um comportamento admirável, como Ginsberg, que pediu a um guarda alemão que devolvesse a uma mulher um saco de batatas que ele confiscara. O guarda alemão matou-o dando-lhe um golpe de baioneta e atirando contra ele.

A partir de junho de 1941, a polícia está autorizada a abrir uma "prisão judaica" na rua Gensia, na antiga casa de detenção de uso do Exército polonês. Em maio de 1942, cerca de 1,3 mil detentos (entre os quais quinhentas crianças presas por contrabando) lá se encontram, definhando, em condições extremamente difíceis. Eles quase não têm o que comer. Em 31 de julho de 1941, Czerniakow relata que eles recebem 130 gramas de pão por dia "em vez de quatrocentos, como nas outras prisões".[136] No gueto, há também uma casa de detenção alemã, a famigerada prisão Pawiak, que tem 1,8 mil detentos em junho de 1942.

As funções do Judenrat

O Judenrat tem dificuldades para financiar todas as atividades que estão a seu cargo. Czerniakow registra isso em várias ocasiões em seu diário: "Dívida de 100 mil zlotys"[137], escreve ele em 9 de março de 1940. Entre 22 e 25 de março: "Caixa continua vazio."[138] Em 3 de abril de 1940: "Caixa sem um tostão."[139] "Estamos à beira da falência."[140]

Para fazer face às exigências das autoridades alemãs e da prefeitura, além de atender às necessidades da comunidade, o Judenrat cria impostos, em sua maioria indiretos.

Os habitantes devem pagar taxas sobre os cupons alimentares (1 zloty por mês), as despesas de desinfecção (combate ao tifo), o preço dos medicamentos, os funerais, as atividades das lojas, cafés e restaurantes, os tíquetes de pão. Essa carga fiscal é dividida de forma desigual, pois as pessoas ricas, em especial os grandes contrabandistas, pagam apenas o imposto que incide sobre os lucros auferidos. Isso contribui para alimentar a raiva dos habitantes do gueto. Segundo Heinz Auerswald, essa raiva se dirige mais contra o Judenrat do que contra as autoridades de ocupação.

A partir de 15 de janeiro de 1941, o Judenrat se encarrega do serviço postal. Daí em diante, agências postais recebem a correspondência endereçada pela DPO (Deutsch Post Osaten) aos habitantes do gueto. Esse "correio judeu" lhes permite corresponder-se com seus parentes na Polônia e, por vezes, também no estrangeiro. O Judenrat cobra taxas especiais para as remessas postais e 20 groszys para cada entrega de uma carta no domicílio do destinatário. A partir de maio de 1941, só se permitem cartões-postais. Entre janeiro e julho de 1942, são enviados, a cada mês, entre dez mil e treze mil. Em 30 de agosto de 1941, um dos responsáveis pelos assuntos judeus da Gestapo de Varsóvia, Gerhard Mende, proíbe toda correspondência em iídiche, hebraico e esperanto — Mende falava hebraico e iídiche —, assim como os pedidos de produtos alimentícios.[141] A correspondência é controlada por um serviço de censura instalado na rua Grzybowska, número 27. As raras linhas telefônicas disponíveis são as das instituições comunitárias, dos serviços técnicos, de alguns médicos e de fábricas.

Implantação do trabalho forçado

Menos de um mês depois da conquista da Polônia, em 26 de outubro de 1939, o governador geral Hans Frank promulga um decreto obrigando os homens judeus com idades de catorze (depois de doze) a sessenta anos a trabalhar gratuitamente para o Exército e para as empresas alemãs. Em 12 de dezembro de 1939, essa medida é complementada por outra que obriga os judeus de catorze a sessenta anos ao trabalho forçado "pelo período de dois anos, que pode ser prolongado, se a meta educativa não tiver sido atingida".[142]

Para evitar a arbitrariedade das detenções em massa, que atingem idosos, doentes e incapacitados, o Judenrat propõe-se a cuidar das requisições e fornecer, a cada dia, um contingente de homens, dispondo-se também a remunerá-los. Essa mão de obra regular e organizada é reunida em "batalhões do trabalho" (*Batalion Pracy*) e formada pelo Judenrat. Criou-se um Departamento do Trabalho Obrigatório dirigido por M. Kuptshiker, depois por I. Rozen, a fim de gerir o recrutamento e garantir o pagamento de uma diária de 3, depois de 4 zlotys. A isso se acrescenta uma ração de alimentos distribuída no local de trabalho, mas ela é insuficiente.

O número diário dos que fazem trabalhos forçados aumenta progressivamente, passando de 381 em outubro de 1939, para 999 em novembro, 1.584 em dezembro e cerca de dois mil em fevereiro de 1941. As equipes são chefiadas pela polícia judaica nos locais e horários de trabalho. Apesar dessa organização, os organismos alemães, pelo fato de não disporem do contingente que se julga necessário, arrebanham pessoas nas ruas.

O Judenrat institui a isenção do trabalho obrigatório mediante o pagamento de uma taxa. As pessoas com menos condições de fazer esse pagamento são as das camadas populares e os refugiados. "Ouvem-se inúmeras reclamações referentes ao trabalho obrigatório: só os judeus pobres o fazem, porque os ricos dão um jeito de evitá-lo"[143], observa Emanuel Ringelblum. Em abril de 1940, Ringelblum avalia em 107 mil o número de homens submetidos aos trabalhos forçados, e em 33 mil os que pagaram por sua dispensa. Mediante o recebimento de uma soma em dinheiro e a troca de identidade, alguns judeus pobres se apresentam no lugar dos mais afortunados.

Alguns tipos de trabalho são mais temidos que outros, por causa dos maus-tratos que os trabalhadores neles sofrem. É o caso dos contingentes indicados para trabalhar na construção, na Assembleia, na universidade, no parque Lazienki e no parque Dinace. "Nas garagens do parque Dinace", conta Ringelblum, "inventaram um jogo. Um judeu levado às garagens com os seus filactérios foi obrigado a ficar com eles enquanto trabalhava. Um rabino foi obrigado a defecar nas calças. Os operários são coagidos a lutar uns com os outros com suas galochas."[144] Nessa garagem, um velho trabalhador judeu chamado Velvele foi severamente espancado por alemães que o insultavam gritando: "Você não é um homem, você não é um animal, você é um judeu."[145]

Campos de trabalho

A partir de 16 de agosto de 1940, o Judenrat requisita rapazes para atuar na região de Varsóvia ou de Lublin em campos de trabalho reservados aos judeus (*Arbeitslager für Juden*).[i] Eles são postos sob a autoridade da administração civil, da SS ou da polícia. Nesses lugares, as condições de vida são desumanas, como registra Czerniakow em 10 de maio de 1941: "Nos acampamentos, a palha sobre a qual os homens dormem de nada serve e o vento sopra por entre os tabiques. À noite, os operários sentem muito frio. Não há banheiros nem privadas. Os calçados dos operários estão deteriorados pela areia e pelo barro. Não há medicamentos nem curativos. Os trabalhadores são maltratados pelo *Lagerschutz* (guarda)."[146]

Os trabalhadores atuam em atividades agrícolas e várias outras, como terraplenagem, construção de estradas, fortificação, dessecação dos pântanos. Sofrem sevícias e maus-tratos. "No campo perto de S., eles ordenaram aos judeus que limpassem as latrinas com as mãos nuas"[147], testemunha Emanuel Ringelblum. "A ração de alimentos é quase nula.

---

i. Em 1940, 5.253 judeus de Varsóvia foram mandados para lá; em 1941, cerca de 8,6 mil.

Os homens não dispõem de roupas adequadas à realização dos trabalhos. "Descreveram-me o aspecto de um campo de trabalho. Farrapos humanos, descalços, os pés envoltos em trapos."[148]

Em fevereiro de 1940, Ringelblum compara a situação desses homens à dos judeus que viviam sob a tirania de Ramsés e de Pathom, no Egito bíblico. Nesses campos, a mortalidade é muito alta. Na primavera de 1941 chega a 250 mortes. A maioria dos trabalhadores volta doente e esgotada.

Muitos homens tentam furtar-se às convocações. "Havia necessidade de 1,5 mil homens para os campos de trabalho", conta Emanuel Ringelblum, "e apresentaram-se apenas cinquenta."[149] As polícias alemã, polonesa e judaica fazem detenções em massa no gueto a fim de completar os contingentes que faltam. Os judeus mais ricos, em condições de pagar de 2 mil a 5 mil zlotys, conseguem isenção. Alguns médicos do Judenrat encarregados de fazer um exame médico antes do envio dos trabalhadores para os campos cobram propinas para emitir atestados de inaptidão.

O mau estado de saúde dos trabalhadores, que pertencem à faixa mais vulnerável do gueto, é objeto de descontentamento dos empresários alemães, que lhes censuram o baixo rendimento. No outono de 1941, as autoridades de ocupação decidem fechar quase todos os campos situados nos arredores de Varsóvia, devido, principalmente, à baixa produtividade da mão de obra.

3
Condições de vida insuportáveis

O gueto ocupa uma área de aproximadamente trezentos hectares (2,4% da área total de Varsóvia) e contém 73 das 1,8 mil ruas da cidade. Lá se amontoam, pois, 30% do total de habitantes da capital polonesa. A população oficial varia de acordo com os períodos, passando de 380.740 habitantes em janeiro de 1941, para 431.874 em julho do mesmo ano, principalmente devido à chegada dos judeus removidos.

Duas partes, os chamados "pequeno" e "grande" gueto[i], integram a área. São separadas pela rua Chlodna, uma importante via de circulação de automóveis e de bondes situada na zona ariana. Os judeus que desejam passar de um gueto a outro têm de esperar até que um dos policiais alemães interrompa o trânsito. A fim de ligar as duas partes do bairro, constrói-se uma passarela de madeira acima da rua Chlodna. É "um mundo que só poderia ter nascido no cérebro de um inquisidor medieval"[150], observa o doutor Edward Reicher.

Uma área superpovoada

Segundo dados do Judenrat, a densidade populacional no gueto é de 110,8 mil habitantes por quilômetro quadrado, ao passo

---

i. O "grande" gueto ocupa 77% da área total.

que a da parte ariana é de 38 mil. Com 27 mil apartamentos de dois cômodos e meio em média, cada residência abriga quinze pessoas, ou seja, cinco ou seis por cômodo.

Ao longo de sua história, o gueto vê sua área reduzir-se consideravelmente em razão das exigências das autoridades alemãs. Estas vão alterando seus limites, sucessivamente, em fins de setembro de 1941, em janeiro e em março de 1942. A cada vez, o Judenrat tem de administrar a reinstalação daqueles cujas habitações foram excluídas do perímetro e participar da construção de um novo muro, a sua própria custa.

Todos os testemunhos referem ruas atulhadas de gente, uma multidão tão compacta que é impossível circular sem ser empurrado, tendo de abrir caminho à força. "A maior parte das ruas estava sempre abarrotada de gente", relata Reich-Ranicki. "Nunca vi uma rua deserta no gueto, e raramente uma rua meio vazia. Temia-se o contato direto com outros pedestres, mas era impossível evitá-lo."[151] Wladyslaw Szpilman descreve a rua Karmelicka: "Era um fluxo humano que se derramava sem cessar, de forma brutal, formando turbilhões diante dos quiosques e dos balcões à entrada dos edifícios."[152] De sua parte, Janina Bauman conta a dificuldade de se deslocar depois do crepúsculo: "Havia tanta gente tentando achar o caminho naquelas ruas escuras que as pessoas se esbarravam e perdiam o equilíbrio o tempo todo."[153]

Os passantes são arrastados a toda parte por tipos ecléticos de vendedores. "Ao longo de toda a rua Leszno", conta Edward Reicher,

> barracas de feira enfileiradas vendiam bugigangas. Os proprietários faziam parte dos dez mil privilegiados do gueto. Havia também comerciantes mais pobres. Eles tinham mesas em que

espalhavam carretéis, linha, lenços, cordéis, alfinetes e pregos. No gueto, esses objetos eram verdadeiros tesouros que evitavam a morte por inanição. Enfim, comerciantes que carregavam consigo toda a sua mercadoria. Eram antigualhas, roupas, muitas vezes roupa de baixo suja.[154]

Em todas as esquinas, os mendigos pediam esmolas: "As calçadas eram ocupadas por centenas e mesmo milhares de mendigos. Eles gritavam e pediam com insistência um pedaço de pão. 'Tenham piedade, judeus, me deem um pedaço de pão', suplicavam."[155]

Em novembro de 1940, Emanuel Ringelblum chama a atenção, em seu diário, para o contraste impressionante entre o gueto e a parte ariana da cidade, na qual os poloneses "têm liberdade de movimento. Eles vão aonde querem e se vestem bem. Os cafés estão sempre cheios de gente. Pode-se circular normalmente nas ruas, que não são engarrafadas como as do gueto".[156]

Refugiados que vagam sem destino

Em dezembro de 1940, no contexto da política de transferência de populações das zonas anexadas ao Reich, recenseiam-se 78.625 recém-chegados (um para cada cinco habitantes), originários de 373 localidades. Seu número aumenta de forma progressiva até atingir cerca de 150 mil pessoas no decorrer do verão de 1941, isto é, praticamente um terço da população do gueto.

Quase sempre, homens, mulheres e crianças refugiados chegam em situação de extrema penúria, depois de seus bens terem sido confiscados. O Judenrat e outras sociedades de assistência os auxiliam na medida de suas possibilidades. "Eles não têm casa nem onde morar. Sem teto, sujas, essas pessoas vagueiam pelas ruas e nelas acampam por vários dias, dormem e comem nos pátios."[157] Ao fim de um período variável, o Judenrat os aloja em "pontos" de reunião. Esses grandes edifícios vazios sem aquecimento central — sinagogas ou hall de fábricas desativadas — "são uma das pragas mais horríveis do gueto, um flagelo a ser combatido".[158] O escritor iídiche Yehoshue Perle os descreve como "pardieiros sinistros, abandonados, onde pessoas em boas condições de saúde partilhavam o leito dos defuntos, rogando centenas de vezes ao dia por uma morte repentina".[159] Em cada ponto, centenas de pessoas se amontoam em condições inumanas:

> Sujas, piolhentas, sem nenhuma possibilidade de se banhar, desnutridas e esfomeadas (o Conselho Judeu só distribui "sopas de água" uma vez por dia), elas jazem o dia inteiro sobre colchonetes nojentos, já sem forças para se levantar. Manchas verdes de mofo se espalham nas paredes. Os colchonetes ficam no chão, raramente sobre um estrado. Muitas vezes só há um lugar para dormir para toda uma família. Ali, nada mais esconde o reino da miséria e da fome.[160]

A situação dos mais jovens é dramática, como conta Mary Berg: "Eu vi crianças seminuas, sujas, jazendo apáticas no nível do chão."[161] Muitas crianças entregues a si mesmas vivem nas ruas. Ringelblum conta que uma criança de oito anos, num centro de refugiados, grita: "Eu quero roubar, quero ser bandido, quero comer, quero ser alemão!"[162]

Os refugiados, cuja ração diária de alimentos é de seiscentas a oitocentas calorias, são as primeiras vítimas da fome e de doenças infecciosas. A taxa de mortalidade é cinco vezes maior entre eles do que entre judeus originários de Varsóvia. Em 2 de fevereiro de 1942, Czerniakow faz esta constatação aterradora: "Mais de 20% dos assistidos nos abrigos de refugiados morreram de fome."[163]

Existe outra categoria de refugiados, a dos judeus expulsos da Alemanha. Eles se recusam a misturar-se com os *Ostjuden* (judeus do Leste europeu), a quem desprezam. Estes zombam da rigidez intelectual e de seu apego à Alemanha, apesar das perseguições de que foram vítimas. "Mesmo com todas as provações por que passaram", escreve Emanuel Ringelblum, "continuam certos de poder voltar para a Alemanha."[164] Eles ignoram que serão os primeiros a ser metidos em comboios com destino a Treblinka.

O ar puro está à venda

A sensação de superpovoamento é ainda mais incômoda porque praticamente não há áreas verdes no gueto. As autoridades de ocupação fizeram o traçado do gueto tomando o cuidado de excluir dele jardins e parques. Em 18 de maio de 1942, Abraham Lewin exprime sua frustração em seu diário: "É impossível deleitar-se em contemplar a natureza, a beleza do mundo de Deus."[165] Um habitante do gueto conta que as crianças "não sabiam nada de animais nem de plantas. Tampouco tinham ideia de como era uma vaca".[166]

No verão de 1941, alguns espertalhões têm a ideia de transformar partes de pátios ou telhados em jardins rudimentares onde só se pode entrar mediante pagamento de ingresso. Os habitantes do gueto se comprazem em visitar esses espaços de convivência. Mary Berg fala do sentimento de evasão vivido por ela quando vai a um desses telhados para tomar sol. "O ar é puro, e me ponho a pensar no vasto mundo, em terras distantes e na liberdade."[167]

A multiplicação dessas áreas verdes, porém, era objeto de muitas críticas, entre as quais este comentário de Chaim Kaplan:

> Nesses jardins, existe pelo menos uma árvore? Não necessariamente. Eles oferecem vastos espaços e a possibilidade de passear livremente? Nada disso. Cantos desolados e solitários, rodeados de muros negros no fundo de pátios escuros. Alguns espaços livres entre as casas ao longo do muro foram transformados em "jardins". Eles estão cheios de mães com seus filhos. Para entrar nesses lugares com carrinho de bebê, elas pagam 50 zlotys por mês, e se outra pessoa da família, que não os filhos, vem visitar a mãe, também tem de pagar ingresso. Os velhos e os enfermos que querem descansar e desfrutar das "belezas da natureza" pagam 2 zlotys por dia. Os jovens desempregados divertem-se nesses jardins e os enchem com sua alegria e leveza de coração.[168]

Emanuel Ringelblum indigna-se com essa situação que contribui para aumentar a clivagem social no interior do gueto:

> Mas ainda estamos bem longe de ver todo o gueto cheio de áreas verdes. Alguns pátios foram transformados em restaurantes ao ar livre. Outros foram alugados para servir de espaços para as crianças brincarem. Só as crianças dos ricos podem usá-los, porque seu custo é de 70 zlotys por mês. As crianças pobres nunca veem espaços com um pouco de vegetação. O ar puro também está à venda![169]

A fome maltrata

O abastecimento de víveres é gerido pela Transfertstelle, que, sob controle alemão, supervisiona as relações comerciais entre o gueto e o exterior. Sua sede situa-se na esquina da rua Stawki com a Dzika. Astuciosamente planejada pelas autoridades alemãs, a fome visa, sem dúvida, anular qualquer veleidade de revolta no seio da população. Emanuel Ringelblum comenta em agosto de 1941: "Talvez essa apatia devida à fome explique por que as massas judaicas se deixam dominar pela inanição sem protestar com veemência."[170] A atenção da grande maioria dos habitantes está voltada à busca de alimentos. Somente aqueles que dispõem de meios financeiros que lhes permitem obter um complemento de alimento mediante contrabando conseguem evitar a morte por inanição. Até 22 de junho de 1941, data em que a Alemanha entra em guerra contra a União Soviética, alguns judeus conseguem melhorar seu passadio graças aos víveres enviados ou por seus parentes que vivem na União Soviética, ou por organizações judaicas do estrangeiro.

Em 1941, a ração diária é de 2.613 calorias para um alemão de Varsóvia, de 699 para um polonês, e de 184 para um judeu. Os habitantes do gueto sofrem cada vez mais para comprar alimentos básicos, ainda mais porque os preços aumentam continuamente. O quilo de batata passou de 1,5 zloty, em abril de 1941, para 20 zlotys, em fins de julho de 1942. O quilo de cebolas, que custava 10 groszys em agosto de 1939, passa a 12 zlotys em maio de 1942. A título de comparação, um carpinteiro ou um operário de uma fábrica de escovas do gueto ganha entre 2,5 e 3 zlotys por hora; 390 mil pessoas (das 421 mil registradas oficialmente) recebem uma ração de dois quilos de pão por mês (isto é, setenta gramas por dia), o que corresponde a um naco de páo semanal por pessoa. No decorrer de 1941 e do primeiro semestre de 1942, 25,3%, depois 27,7%, dos óbitos são causados pela desnutrição.

Czerniakow insistia para que as autoridades alemãs permitissem a compra de mercadorias não racionadas no mercado livre da zona ariana, alertando-as sobre as consequências da fome. Nada se fez. Intransigentes, os alemães se recusam a flexibilizar o embargo de alimentos. Em 21 de maio de 1941, seis meses depois da criação do gueto, o governador Ludwig Fischer recebe Adam Czerniakow. Suas palavras são pretensamente tranquilizadoras. Ele afirma que seu objetivo "não é fazer os judeus passarem fome. Talvez as rações sejam aumentadas, e haverá trabalho, ou encomendas, para os operários".[171] Em 1º de outubro de 1941, na presença de Hans Frank, Fischer solicita a obtenção de rações suplementares para os judeus de Varsóvia. Karl Naumann, responsável pelo abastecimento de todo o Governo Geral, se dispõe a considerar um suplemento de cinquenta gramas de toucinho, trezentos gramas de açúcar e um ovo.

Foram registrados três casos de canibalismo por parte de mães cujos filhos tinham morrido de fome. Czerniakow registra também, em 20 de fevereiro de 1942, o caso de uma mãe da rua Krochmalna que cortou e comeu um pedaço do cadáver do filho de doze anos. Isso provoca pavor no jornal clandestino *Jutrznia*, que analisa o fenômeno em 1º de março de 1942: "Assim, o canibalismo veio se somar aos horrores do gueto. Evidentemente, não é o primeiro caso de canibalismo na história do gênero humano, mas nunca aconteceu ao lado de lojas cheias de alimentos refinados e de restaurantes de luxo. Nesse aspecto, o gueto de Varsóvia vai ter uma posição única nos anais do canibalismo."[172]

As crianças pedem esmolas

Progressivamente, os habitantes, que também sofrem de fome, vão se tornando insensíveis aos que imploram na rua, como contou Wladyslaw Szpilman:

> A fome é tanta, tanta... Não se come nada há dias. Dê-nos uma migalha de pão ou, se não tiver pão, pelo menos uma batata, uma cebola, o bastante apenas para aguentar até amanhã de manhã. Mas essa cebola, essa batata... raros eram os que as possuíam, e mesmo nesse caso eles não tinham coração para cedê-las aos mendigos, porque a guerra transformara seus corações em pedra.[173]

Alguns entoam uma cançoneta em iídiche para comover os passantes: *"Mir hobn nisht oyf keyn zapasn Mir voynen in a keler a nasn/ Mir dalfn nisht keyn tsuker, keyn shmaltz/ Git unz a shtikl trunkn broyt un zaltz* (Não temos dinheiro para comer. E no chão molhado vamos viver./ De banha e de açúcar não temos precisão./ Dê-nos sal e uma casca velha de pão)."[174]

Alguns anos depois, uma jovem escreveu: "Em meus ouvidos ressoa o clamor ensurdecedor das ruas cheias de gente e o lamento dos que morrem nas calçadas."[175] Toda noite, os habitantes do gueto ouvem os gritos das crianças famintas. Em 11 de julho de 1941, Ringelblum escreve em seu diário:

> No silêncio da noite, os gritos das crianças que mendigam ecoam de forma estranha, e é preciso ter o coração muito duro para não lhes atirar um pedaço de pão — a menos que se fechem janelas e postigos. Esses mendigos estão pouco ligando para o toque de recolher; podemos ouvi-los bem tarde da noite,

às 23 horas e até à meia-noite. Eles não temem nada nem ninguém. [...] Em geral, essas crianças que mendigam morrem à noite na calçada. Foi o que aconteceu na frente de minha casa [...], onde um menino de seis anos gemeu a noite inteira, fraco demais para ir apanhar um pedaço de pão que lhe tinham atirado pela janela.[176]

As crianças são as principais vítimas da fome. Dentre elas as primeiras são as órfãs e as que vêm de famílias de refugiados. Em 9 de setembro de 1940, Ringelblum registra o enterro de crianças do orfanato da rua Wolka, ocasião em que seus companheiros depuseram sobre o monumento uma coroa com a inscrição: "Às crianças que morreram de fome — As crianças famintas."[177] De sua parte, Mary Berg faz uma descrição terrível do estado dos pequenos mendigos:

> Grande número de crianças cujos pais morreram deixava-se ficar nas ruas, esfarrapadas, quase nuas. Seus corpos são horrivelmente emagrecidos, deixando ver os ossos sob a pele amarela e enrugada. É a primeira fase do escorbuto; na última fase dessa terrível doença, os corpinhos se cobrem de chagas supurantes. Algumas crianças perderam os dedos do pé; elas giram em círculos soltando grunhidos. Já não têm aparência humana, mais parecem macacos. Já não pedem pão, mas a morte.[178]

Ou ainda: "São os rostos que mudam da forma mais dolorosa! Rostos roídos até os ossos pela miséria, por falta de comida, de vitaminas, de ar puro e de exercício; rostos devastados por tormentos, angústias, sofrimentos e doenças implacáveis."[179]

Existe uma categoria de crianças que foram chamadas de *chapers*, isto é, abocanhadoras. Elas vigiam as pessoas que saem das lojas de alimentos, arrancam-lhes os sacos de provisões e devoram imediatamente os alimentos enquanto fogem, ou mordem diretamente o pacote por cima do papel. O número de mendigos cresce com o aumento da fome: "Quanto mais a fome se espalhava no gueto, mais aumentava seu número. Eles formavam um verdadeiro exército"[180], escreve Edward Reicher.

Comovido com a situação desesperada das crianças, Czerniakow busca soluções. Ele ordena a requisição de alimentos nos restaurantes para distribuí-los nos orfanatos. Em 2 de junho de 1942, considera a possibilidade de "confiscar os tíquetes de pão dos mais ricos para repassá-los às crianças de rua.[181] Em 14 de junho de 1942, ele evoca a emoção que sentiu ao se encontrar com crianças de oito anos: "Tenho vergonha de confessar, fazia tempo que eu não chorava tanto [...]. Malditos sejam aqueles que comem e bebem, esquecendo-se das crianças."[182] Das cerca de cem mil crianças do gueto com menos de catorze anos, aproximadamente 80% delas precisam de ajuda. O Judenrat cria cantinas nas quais as crianças necessitadas recebem uma refeição diária "à base de flocos de aveia, cereais descorticados ou massas, com um pouco de legumes e de gordura animal ou vegetal".[183] Organizam-se coletas de fundos com o nome de "Mês da Criança". Mas isso não é suficiente.

As autoridades alemãs não mostram nenhum interesse pelo problema. Em resposta a um pedido de leite para os bebês, o médico alemão Wilhelm Hagen, encarregado de zelar pela saúde no gueto, pede que "não o incomodem com coisas desse tipo, porque os judeus têm tudo de que precisam, graças ao contrabando".[184]

Entregues a si mesmas, várias crianças, algumas até com quatro ou cinco anos, passam clandestinamente para a zona ariana para mendigar comida. Chamadas pelos nazistas de *szmugler* (contrabandistas) ou *die Ratten* (os ratos), elas usam os canais de evacuação de água abertos no muro do gueto, do qual um ou vários tijolos tinham sido arrancados. Wladyslaw Szpilman faz o terrível relato do assassinato, por um policial alemão, de um *szmugler*, no momento em que este estava passando pelo muro:

> Seu corpinho descarnado já estava visível em parte, quando ele se pôs a gritar. No mesmo instante, ouvi os berros guturais de um alemão do outro lado do muro. Corri o mais rápido que pude para ajudá-lo a sair do conduto, mas, apesar de todos os nossos esforços, ele continuava preso pelos quadris. Enquanto seus gritos se tornavam cada vez mais lancinantes, eu o puxei pelos braços com todas as minhas forças. Do lado de fora do gueto, o policial o atacava com um porrete, e os golpes ressoavam surdamente através da tubulação. Quando findei por tirá-lo do conduto, ele expirou na mesma hora, com a coluna vertebral quebrada.[185]

O frio castiga

Os habitantes sofriam com o frio, principalmente no inverno de 1941-1942. O abastecimento de gás, eletricidade e carvão continua limitadíssimo.

Em dezembro de 1941, o SS-*Brigadeführer* Karl Eberhard Schöngarth, chefe da polícia de segurança e do SD (BdS) do Governo Geral[ii], assina um decreto exigindo que todas as

---

ii. SD (Sicherheitsdienst) é o serviço de segurança e de informação da SS, faz parte do RSHA e se divide em duas seções: a do interior e a do exterior. BdS é a sigla para Befehlshaber der Sicherheitspolizei und des Sicherheitsdienstes.

peliças de posse de civis sejam requisitadas até 5 de janeiro de 1942. Doravante, elas servirão para "equipar os soldados da Wehrmacht" no front Leste. Os judeus devem entregar não apenas seus casacos de pele, mas também os colarinhos postiços de inverno e chapéus de pele. Encarregado da operação, o Judenrat forneceu em quinze dias cerca de 150 mil peliças no valor de 50 milhões de zlotys. Wladyslaw Szpilman comenta com ironia: "Nós nos comprazíamos em pensar que a situação deles no Leste não devia ser lá muito boa, já que sua vitória dependia de chapéus de pele de castor ou de raposa prateada."[186]

Em janeiro de 1942, a temperatura oscila entre -16° e -20°C durante o dia. O carvão é um produto muito cobiçado. São necessários dois dias de um trabalhador judeu em fábricas alemãs para comprar um quilo de carvão. Chaim Kaplan observa: "O duro e amargo inverno chegou, e em nossas casas não há um só pedaço de carvão para aquecer nossos corpos miseráveis. As minas de carvão estão nas mãos do vencedor, e ele nos mata de frio. [...] Cada pedaço vale seu peso em ouro. Pagamos 25 zlotys por sessenta quilos de carvão. Cada vez que usamos o fogão, gastamos 5 ou 6 zlotys."[187]

As epidemias se disseminam

As ruas estão cheias de detritos. A coleta de lixo é monopólio da firma Heymann & Co., cujos empregados cuidam antes do contrabando que da coleta. Ringelblum escreve em novembro de 1940: "Há dias já não se varre, não se coleta o lixo, a epidemia nos ameaça."[188]

As doenças infecciosas se disseminam, sobretudo o tifo, facilitado pelo forte frio do rigoroso inverno continental polonês e também pela falta quase total de carvão, pela desnutrição e pelas péssimas condições de higiene. A tuberculose é outra doença que, como o tifo, faz grandes estragos na população do gueto. O número de mortos salta de 387, em 1939, para 3,9 mil, em 1941.

A epidemia de tifo vitima indistintamente todos os habitantes de todas as idades, mas em especial os refugiados.[iii] Ela tem início em 1940, desenvolve-se na primavera de 1941 e chega ao ápice no outono do mesmo ano. Dela resulta uma grande mortalidade no gueto: 10% da população em 1940, e 20% em 1941. Oficialmente, contam-se 14.661 pessoas infectadas pelo vírus ao longo de 1941. Ao que parece, esse número pode ter sido bem superior, entre cinquenta mil e cem mil.

As autoridades de ocupação pressionam o Judenrat para que tome medidas drásticas de prevenção. Os imóveis em que os doentes residem são submetidos à quarentena. Os moradores são informados disso por um cartaz de cor amarela, afixado na entrada do imóvel, em que se lê *Fleckfieber!* (Tifo!). Todos são obrigados a sofrer uma desinfecção nos temíveis banheiros públicos. Os apartamentos, os móveis e, principalmente, os lençóis e os objetos de uso doméstico sofrem uma operação de desinfecção especial.

Essas medidas são muito impopulares porque, durante a desinfecção, os apartamentos, que ficam com as portas abertas, são saqueados. Para evitarem a desinfecção, as comissões de edifício que dispõem de recursos financeiros subornam todos os encarregados da aplicação dos decretos de quarentena: as equipes de "pulverizadores" (*parówki*), compostas de policiais judeus, empregados do Departamento de Saúde Pública e

---

iii. Cumpre ressaltar que o tifo não atingia níveis epidêmicos, nem em Radom, nem em Lodz.

médicos judeus e poloneses. Em consequência disso, as medidas de prevenção, em geral, são ineficazes. Note-se ainda que a vacina contra o tifo estava disponível, mas ao custo proibitivo de 250 zlotys.

Em 1941, Ludwik Hirszfeld, professor de bacteriologia e de imunologia na Universidade de Varsóvia, dá mostras de grande coragem ao enviar um relatório às autoridades sanitárias alemãs denunciando as condições de vida no gueto e a ineficácia das equipes de pulverizadores. "O produto atomizado é fraco demais para matar os piolhos; se eles morressem, seria 'de tanto rir'"[189], escreve ele.

É em decorrência da intervenção do doutor Hagen, que levou em conta os riscos de propagação da epidemia de tifo fora dos muros, que se reduz consideravelmente a área do gueto no outono de 1941.

A morte está em toda parte

A taxa de mortalidade aumenta no gueto. Entre 1º de janeiro de 1941 e 30 de junho de 1942, registram-se 69.355 óbitos. Segundo as estatísticas mensais do Judenrat, a mortalidade chega a quase 10% da população em 1941. No total, o número de óbitos em 1941 é de 43.258.

"A cada passo que se dava no gueto, encontrava-se a morte."[190] Pouco a pouco, os habitantes se acostumam à sua presença e ficam indiferentes aos indigentes que agonizam sob suas vistas. Ringelblum escreve em 18 de março de 1941: "Quase todo dia, vejo dois ou três passantes caírem de fome na rua."[191] Praticamente todas as ruas estão juncadas de cadáveres. Homens, mulheres e crianças que sucumbem por exaustão, fome ou tifo, e cujos parentes não podem arcar com as despesas dos funerais. Os corpos abandonados são despidos para que as roupas, "necessárias demais para os vivos"[192], sejam aproveitadas. Os cadáveres são cobertos com jornais velhos, com uma pedra por cima, para que não sejam levados pelo vento. Wladyslaw Szpilman descreve o abominável espetáculo noturno que se oferece à vista: "Archote aceso na mão, eu cuidava para não tropeçar nos cadáveres, enquanto o vento glacial de janeiro me queimava o rosto ou me empurrava para a frente, amarfanhando e levantando as mortalhas de papel, expondo aqui e ali tíbias secas, ventres famélicos, rostos tomados pelos dentes nus, olhos arregalados fitando o vazio."[193]

Os despojos são recolhidos ao amanhecer pelo pessoal do serviço funerário, que os empilha nas carroças e os leva ao necrotério. Em seguida, são sepultados como anônimos na vala comum. Em março de 1942, os serviços do Judenrat recolhem 290 cadáveres na rua. Essa situação aborrece o governador Fischer, que, num encontro com Czerniakow em 21 de maio de 1941, exige que se recolham os cadáveres rapidamente, porque isso dá "uma má impressão".[194]

Franz Blättler, um suíço que trabalhava numa ambulância da Cruz Vermelha prestando serviço para o Exército alemão, visita o cemitério judeu no inverno de 1941-1942. Ele menciona "corpos de crianças, algumas das quais não tinham vivido mais que um dia, outras que teriam três anos, empilhados como um monte de bonecos"[195], ou ainda cadáveres seminus, às vezes mutilados ou até mesmo destroncados, por terem sido atirados pelas janelas durante a noite.

Embora o dia a dia seja insuportável, Chaim Kaplan acha que os suicídios são raros no gueto: "O fato é que, apesar de tudo, nós sobrevivemos. Somos párias, mas nenhum de nós quer morrer. Isso não deixa de intrigar os nazistas: por que não há suicídio no gueto?"¹⁹⁶ O número de suicídios aumentaria no curso das deportações do verão de 1942.

O império do medo

Desde a criação do gueto, as autoridades de ocupação desenvolvem uma política de terror contra os habitantes. Estes vivem num estado de medo permanente. "Um único castigo, a morte, pune o desrespeito às regras", escreve Marek Edelman. "Mas o respeito a elas não protege ninguém de milhares de chicanas inimagináveis, de perseguições cada vez mais graves, de leis cada vez mais implacáveis."¹⁹⁷

Os alemães que entram no gueto roubam, brutalizam ou matam de forma totalmente arbitrária, como informa repetidas vezes Emanuel Ringelblum:

> Hoje, 24 de dezembro, uma nova agressão se deu na rua Leszno. Um caminhão carregado de caveiras apareceu, os soldados saltaram no chão, seguindo-se, então, um terrível pânico. Alguns judeus não saíram do lugar e levantaram seus chapéus. Estes não foram molestados, mas os que fugiram foram perseguidos e terrivelmente espancados. Um judeu foi derrubado no chão e pisoteado até sangrar.¹⁹⁸

"Ontem, um militar saiu de um carro e golpeou um jovem com uma barra de ferro. O rapaz morreu."¹⁹⁹ Em estado de choque, Chaim Kaplan conta como um SS agrediu de forma selvagem um pobre ambulante da rua Karmelicka durante cerca de vinte minutos. Ele batia de todas as maneiras, cruel e sadicamente, às vezes na cabeça, outras no rosto, ora lhe dava pontapés, ora batia com o cabo do chicote. Ele não lhe poupou nenhuma parte do corpo. De longe, tinha-se a impressão de que atacava um cadáver. O homem jazia por terra, sem sinal de vida.

> É difícil entender o mistério de um fenômeno sádico desse tipo. Imagina-se que a vítima era um estrangeiro ou um inimigo: ele nada dissera, nada fizera contra o agressor. Então, por que essa brutalidade? Como é possível indispor-me contra um desconhecido, um homem feito de carne e sangue como eu, feri-lo, pisoteá-lo e cobrir-lhe o corpo de lesões e pisaduras? Como é possível? E, no entanto, juro que vi isso com meus próprios olhos.[200]

Quando os habitantes do gueto assistem, sem poder reagir, aos maus-tratos e assassinatos, mergulham no que Wladyslaw Szpilman chama de "terror instintivo". Todos vivem com uma espada de Dâmocles sobre a cabeça, sabendo que, a qualquer momento, algum alemão pode decidir brutalizá-lo ou matá-lo: "No âmago do nosso ser, sentíamos que alguma coisa terrível iria acontecer no dia seguinte, em dez dias, agora mesmo... Ignorávamos apenas a forma como sobreviria à catástrofe."[201] Além disso, o sistema de responsabilidade coletiva em caso de insubordinação individual tolhe toda iniciativa de protesto ou de revolta na grande maioria dos habitantes.

No gueto, os alemães não cessam de praticar maus-tratos contra a população. "Um judeu foi obrigado a se ajoelhar, e os alemães urinaram sobre ele"[202], relata Emanuel Ringelblum. Ou ainda: "Conta-se que um soldado ia de casa em casa num quarteirão judeu e obrigava os homens a ter relações sexuais com as mulheres em sua presença."[203]

Um soldado alemão que passava de bicicleta na rua Leszno começou a bater num passante judeu. Ele o obrigou a deitar-se na lama e a beijar a calçada.[204] No posto de guarda da rua Grzybowska, eles detiveram um judeu, embora este tivesse um bilhete de livre-trânsito. Eles o torturaram durante duas horas, obrigaram-no a beber urina e a ter relações sexuais com uma p... Golpearam-lhe a cabeça e passaram uma escova em suas feridas.[205]

Nenhum judeu goza de imunidade absoluta: mesmo os agentes que têm uma relação estreita com a Gestapo são executados pelos alemães quando já não lhes são úteis.

4
A ginástica para conseguir sobreviver

A maior parte dos habitantes do gueto não tem meios suficientes para matar a fome. A população ativa representa 85% da população total. Entre os trabalhadores, 42% são operários ou artesãos; 32%, pequenos comerciantes, donos de lojas e corretores; 11%, profissionais liberais; 15%, grandes empresários e atacadistas. Todos têm dificuldade de lidar com a situação.

Para a maioria, ganhar a vida se torna quase impossível, em particular no caso de ex-operários da indústria e de empresas arianas. Em geral, a população não dispõe de um emprego fixo e só sobrevive graças ao escambo, à venda de afogadilho de mercadorias ou dos poucos bens que possui e do contrabando. Mas como explica Marek Edelman: "A princípio, eles vendem tudo o que podem, depois vão caindo pouco a pouco na mais negra miséria."[206]

Trabalhar a todo custo

A partir da primavera de 1941, a Transfertstelle, cuja direção em 15 de maio de 1941 é confiada a Max Bischof, um experiente banqueiro que trabalhara no controle bancário na administração do Governo Geral, procura desenvolver no interior do gueto oficinas (*szopy*) dirigidas por judeus ou alemães. Para lá são enviadas matérias-primas (couros, têxteis, etc.) que seriam transformadas em produtos acabados. O Judenrat estimula os investidores judeus a participar.

As autoridades de ocupação têm interesse nessa atividade, pois ela usa uma mão de obra qualificada barata e fácil de explorar.[i] Auerswald, num relatório de 24 de novembro de 1941, endereçado ao representante do governador-geral de Berlim, aponta todos os benefícios que os alemães podem tirar desse projeto: "Todas essas medidas devem tranquilizar os judeus, o que é indispensável, se queremos utilizar as reservas econômicas do gueto."[207]

Os empregos oferecidos nas fábricas são mais procurados pela população pelo fato de permitir a dispensa dos campos de trabalho. Em alguns casos, deve-se usar seus próprios instrumentos de trabalho.

Esse programa dá resultados, pois o montante das exportações do gueto aumenta de forma considerável, passando de 400 mil zlotys, em junho de 1941, para 15 milhões, em julho de 1942. O número de judeus empregados sobe de 34 mil, em setembro de 1941, para 95 mil, em julho de 1942. Empresários alemães obtêm grandes ganhos com essa situação. Entre eles, Walter Többens, ex-torrefador de café de Bremen que, em outubro de 1941, abre em Varsóvia não apenas oficinas para fornecimento e conserto de uniformes da Wehrmacht enviados do front Leste, mas também curtumes sob a direção de contramestres judeus.[ii]

---

i. Os trabalhadores das oficinas recebem entre 3 e 5 zlotys por dia.

ii. Outros investidores alemães, como Waldemar Schmidt, Ney, Brauer e Danzig, também participam do programa.

Contudo, Auerswald não toma nenhuma medida para melhorar as condições de vida no gueto, apesar das solicitações de Czerniakow, como este relata em 1º de novembro de 1941:

> Auerswald afirma que um operário pode fabricar tijolos durante um dia inteiro em troca de uma sopa. Observei que o operário podia ter mulher e filhos. Então ele me respondeu que poderia obter duas sopas. E como ele vai poder mandar consertar seus sapatos? [...] Acrescentei que, ainda que ele me considere um *Spiessbürger* (pequeno burguês), estou convicto de que todo trabalho merece salário. Pela enésima vez, lembrei-lhe que o serviço de manutenção da ordem não é remunerado. Vejo que todo esse trabalho não resulta em nada. Estou tonto. Estou aturdido. Nenhuma ação positiva [...]. Aumentar a ração está fora de cogitação.[208]

Ainda assim, o Judenrat continua a apoiar a atividade das fábricas que os invasores consideram economicamente indispensáveis, convencido de que elas haverão de permitir a sobrevivência dos trabalhadores.

Com as *szopy*, desenvolve-se uma economia paralela. Ela emprega milhares de operários que trabalham em fábricas clandestinas. Criadas por empresários astuciosos, elas produzem alimentos em conserva, artigos de luxo, relógios, cigarros, objetos de couro. Os bens fabricados são transferidos ilegalmente e vendidos por intermediários na parte ariana.

Todas as boas ideias são aproveitadas. Por exemplo, a do riquixá, concebida por pessoas inventivas que, inspirando-se nesse meio de locomoção asiático, acoplam a uma bicicleta um assento grande o bastante para duas pessoas.

Fazer "negócios"

Existe uma clivagem social importante no seio do gueto: de um lado, pessoas que vivem em extrema penúria; de outro, um punhado de negocistas, alcunhados de "espertalhões", aproveitam-se da situação para enriquecer. O professor Ludwik Hirszfeld faz uma descrição dos diferentes estratos dessa sociedade:

> No topo dessa escala social, há entre vinte mil e trinta mil pessoas que podem comer à vontade. Na base, há um quarto de milhão de miseráveis e mendigos que fazem o impossível para prolongar a própria agonia. Entre os dois, mais de cem mil que ainda conseguem se equilibrar, se manter limpos, e não sucumbem à inanição… Estes querem sobreviver a qualquer custo e vendem tudo o que possuem: roupas, móveis, agasalhos.[209]

Esse contraste suscita na maioria dos habitantes um sentimento de cólera contra os ricos, os corruptos, os isentos e os traficantes, que têm poder e dinheiro, e dão mostras de absoluta desumanidade.

Segundo Georges Bensoussan, essa "estratificação que fecha cada um consigo mesmo e o torna estranho ao outro"[210] se explica, em grande parte, pelas difíceis condições de vida impostas pelos nazistas, que infligem aos habitantes uma "morte social", antes de assassiná-los.

Os novos ricos, que representam um mundo à parte no gueto, são, sobretudo, operadores do mercado negro e colaboradores da Gestapo. Eles têm dinheiro suficiente para desfrutar de tudo o que desejam: "Para eles, tudo existe em abundância", escreve Chaim Kaplan.

As vitrines transbordam de acepipes de todos os tipos, mas quem pode pagar seus preços astronômicos? Casas de diversão funcionam no gueto, ficando lotadas todas as noites. Quem se aventurasse no gueto sem conhecer sua localização e pusesse os pés num desses luxuosos cafés ficaria estupefato. Quem haveria de acreditar que aquelas multidões elegantemente vestidas que se deleitam com a música, as pastelarias e o café são vítimas perseguidas pela tirania? O visitante inocente jamais suspeitaria da verdade antes de dar uma olhada no exterior. Vez por outra, na própria entrada de um desses cafés elegantes, ele poderia tropeçar no cadáver de alguém que morreu de fome.[211]

Szpilman tem a oportunidade de cruzar com esses novos ricos quando toca piano no café Nowoczesna. Ali, eles se encontram com suas amigas cobertas de diamantes, bebendo champanhe diante de mesas fartas. O contraste com o meio exterior é chocante: "Nas imediações do café, não se toleravam os mendigos. Porteiros corpulentos cuidavam de expulsá-los brandindo o porrete, enquanto os riquixás, às vezes vindos de longe, depunham à entrada homens e mulheres com confortáveis casacos de inverno, portando, em pleno verão, chapéus elegantes e lenços de seda da França."[212]

O militante do Bund Jacob Celemenski traça também o retrato desses ricos traficantes que frequentam o cabaré Sztuka, situado na rua Leszno, número 2:

> Quando abri a porta, a luz me ofuscou. Lampiões a gás brilhavam em todos os cantos do cabaré superlotado. Todas as mesas estavam cobertas por toalhas brancas. Sujeitos gordos devoravam galetos, patos ou outras aves. Tudo isso regado a

vinho e destilados. [...] O público que se espremia às mesas era a aristocracia do gueto: grandes contrabandistas, oficiais poloneses graduados e figurões de todos os tipos. Os alemães que negociavam com os judeus também frequentavam o lugar, em trajes civis. [...] As pessoas comiam, bebiam e riam como se não tivessem preocupações.[213]

Essas condições facilitavam a prostituição, que não parou de aumentar. "A prostituição se espalha", observa Ringelblum. "Ontem, fui agarrado na rua por uma mulher de aparência muito respeitável."[214]

Colaborar

Moritz Kohn e Zelig Heller, originários de Lodz, são dois traficantes suspeitos de ser agentes da Gestapo. Além da exploração da linha de bondes, eles praticam o contrabando de alimentos e de medicamentos, com o apoio das autoridades de ocupação. Os dois sócios, concessionários exclusivos do serviço de bondes puxados por cavalo do gueto, conseguem contrabandear uma quantidade de aveia dez vezes superior à que seus cavalos necessitam, para vendê-la à população do bairro no mercado negro. Entre suas atividades mais lucrativas, podemos citar a libertação de prisioneiros mediante o pagamento de grandes somas de dinheiro. A partir do outono de 1941, eles agenciam também a evasão dos judeus que vivem nos territórios conquistados pelos nazistas na União Soviética.

Em dezembro de 1940, a Gestapo dispõe de uma rede de informantes judeus que têm a vantagem de não depender do Judenrat. Ela é chamada de "Treze" (*Trzynastka*, em polonês; *Das Draitzental*, em iídiche), por ter sua sede na rua Leszno, número 13. Quem a dirige é Abraham Gancwajch, que, como muitos de seus membros, é originário de Lodz. Seus 350 a quatrocentos agentes usam braçadeira verde e botas de couro.[iii] Oficialmente, esse departamento se encarrega do combate contra a corrupção, o aumento abusivo dos preços e o contrabando. Mas sua verdadeira missão é a busca de joias e de bens escondidos por judeus abastados, cuja denúncia é feita à Gestapo.

Além de inspirar um sentimento de ódio, a Treze contribui para aumentar a desmoralização da população: como é possível que judeus do gueto, seus iguais, cometam tais atos? Seu chefe, Gancwajch, tenta resguardar sua consciência desenvolvendo atividades culturais e ajudando alguns judeus de maneira pretensamente desinteressada. Ele institui um serviço especial de ambulâncias e promove a criação do Departamento de Pesos e Medidas, além de uma organização de veteranos inválidos da campanha de 1939 e associações culturais e religiosas. Ringelblum o considera "75% crápula e 25% romântico".

Ante a multiplicação dos atos delituosos da Treze, os alemães a extinguem, matam alguns responsáveis e incorporam cerca de metade de seus homens à polícia judaica.

O contrabando

Os contrabandistas constituem a outra categoria de novos ricos. Eles fazem fortuna por meio do abastecimento clandestino do gueto. Depois do fechamento deste, organizam sistemas à margem da lei para continuar seu tráfico. Eles pertencem a todas as faixas etárias. Trata-se principalmente de judeus robustos,

---

[iii]. Os membros da Treze que trabalham nas ambulâncias usam braçadeira azul.

ex-carregadores, contínuos ou pequenos delinquentes. Esse contrabando em larga escala promove a entrada no gueto de 80% dos alimentos consumidos. Os mesmos esquemas são utilizados no outro sentido, para permitir a saída de artigos produzidos nas fábricas clandestinas.

O Judenrat sabe muito bem do papel essencial do contrabando na sobrevivência dos habitantes. Czerniakow calcula que essa atividade forneça um montante entre 70 milhões e 80 milhões de zlotys, e que o que entra legalmente no gueto seja estimado em 1,8 milhão de zlotys.

Os contrabandistas se valem de múltiplos estratagemas para assegurar o tráfico de alimentos. A princípio, grande parte da atividade se faz por meio de bondes arianos que atravessam o gueto sem parar. Graças à cumplicidade do condutor, que diminui a velocidade do veículo, e do policial de serviço, que faz vista grossa em troca de propina, os contrabandistas aproveitam esse momento para passar para seus cúmplices do gueto sacos de trigo ou de farinha. Um outro tráfico se faz por cima do muro: os pacotes de alimentos são lançados no final da tarde, quando a vigilância dos policiais fica menos rigorosa. Kaplan lembra esse sistema bem articulado no curso do qual "se joga o saco contrabandeado num lugar combinado previamente, e ele vai cair nas mãos daquele a quem se destina".[215]

Um volumoso tráfico de mercadorias se faz também através dos esgotos, do cemitério judeu situado no extremo noroeste do bairro, ou, como informa Chaim Kaplan, das casas situadas nos limites do gueto. "O contrabando é feito por meio da menor brecha, do menor buraco que se pudesse encontrar em [um] muro, de túneis que faziam a comunicação entre uma casa dentro do gueto e outra do lado de fora, e também por meio de caminhos desconhecidos dos alemães."[216]

Com a ajuda de vários contrabandistas, Abram Apelkir transforma o imóvel em que mora, na rua Bonifraterska, número 31, cujas janelas dão para a zona ariana da cidade, em "um verdadeiro centro comercial".[217] O Tribunal Correcional da rua Leszno, que tem um portão no gueto e outro na zona ariana, também serve de passagem para o contrabando entre judeus e poloneses. Os traficantes se encontram nos corredores do edifício sem chamar atenção. Da mesma forma, os trabalhadores judeus das grandes empresas alemãs situadas fora do gueto carregam, de manhã, mercadorias, sobretudo roupas, para vender ou trocar por alimentos, que levam para casa à noite, contrariando as normas.

Os contrabandistas, que rivalizam em imaginação e coragem, conseguem assim realizar verdadeiras proezas. Aliás, acabada a guerra, o advogado judeu polonês Leon Berensohn viria a propor a construção de um monumento ao "*szmugler* desconhecido". Em janeiro de 1941, Ringelblum descreve em seu diário a passagem, em apenas uma noite, de vinte vacas pelo cemitério judeu (que é vizinho do cemitério católico da rua Dzika).

O tráfico é feito por todos: judeus, poloneses e alemães nele tomam parte. "O contrabando obriga os judeus e os arianos a trabalhar juntos. Ele nos une no prazer e no sofrimento."[218] Todos os dias, quantidades astronômicas de alimentos passam, devido à corrupção em grande escala dos guardas alemães e poloneses postados nos portões do gueto.

Com isso, os riscos para os traficantes são enormes. As autoridades de ocupação estabeleceram uma multa de mil zlotys e uma pena de três meses de prisão para quem saísse ilegalmente do gueto. Em 12 de novembro de 1941, por força de uma determinação do governador Ludwig Fischer, seguida do decreto do governador-geral Hans Frank, todo judeu que circulasse sem autorização fora do gueto seria condenado à morte. No dia 17, as ameaças são cumpridas: oito pessoas condenadas (seis das quais mulheres) são fuziladas por policiais poloneses na prisão judaica do gueto.[iv] Em 14 de dezembro de 1941, dezessete prisioneiros foram fuzilados pelo mesmo motivo. Além disso, os contrabandistas têm de se acautelar contra os réprobos poloneses que os espionam em volta do gueto a fim de lhes subtrair mercadorias. Eles não hesitam em denunciá-los às autoridades alemãs em troca de uma recompensa.

Jogar com a conversão

Seguindo a legislação antijudaica estabelecida pelos nazistas, cristãos de origem judaica são encerrados no gueto. Em janeiro de 1941, 1.716 habitantes são declarados cristãos. Ludwik Hirszfeld, há muito tempo convertido ao catolicismo, toma consciência de sua condição de judeu quando um policial alemão que vigiava um portão do gueto lhe disse: "*Jetz bist du aber nur ein Jud*" ("Mas agora você não passa de um judeu").[219]

Emanuel Ringelblum atenta para a ambiguidade da situação: por um lado, eles não querem "ter nada em comum com os judeus"; por outro, "não podem furtar-se a uma realidade fundamental: os alemães os consideram totalmente judeus e os tratam como se o fossem".[220]

Chaim Kaplan lembra essa situação com ironia: "É uma tragicomédia excepcional ver cristãos devotados de corpo e alma à sua fé portando a 'insígnia da vergonha' na mão direita e o

---

iv. A Resistência judaica reage vigorosamente, publicando em seu jornal os nomes dos policiais que participaram da execução.

crucifixo na mão esquerda. Até seu sacerdote é um judeu, e, embora o seja de uma nobre divindade, deve portar também a 'insígnia da vergonha'."[221]

Mary Berg lembra o caso de uma jovem convertida, Julia Tarnowski, cujo estado de espírito reflete bem o de seus correligionários:

> Assim como seus pais, Julia é uma convertida. Ela só soube de sua origem judaica quando sua família recebeu a ordem de abandonar o apartamento do lado "ariano" e se instalar no gueto. Isso a abalou profundamente, e ela ainda não se resignou ao próprio destino. Deixa-se dominar pela raiva e pelo ódio, e tenho a impressão de que ela odeia mais os judeus que os nazistas. Ela vê no que lhe acontece a consequência de um erro fatal, pelo qual eu e outros judeus como eu somos responsáveis.[222]

Os cristãos se dividem em dois grupos: os convertidos de longa data, que vão à igreja de Todos os Santos, do padre Godlewski, e os recém-convertidos, que frequentam a igreja da Natividade de Nossa Senhora, onde oficia o padre Poplawski. Eles recebem ajuda financeira vinda do exterior e sopas populares por intermédio da Caritas, organização humanitária católica. Os que têm experiência profissional obtêm cargos privilegiados na administração do gueto (chefe da polícia judaica, presidente do Conselho de Saúde, diretor do hospital do gueto), o que acirra a animosidade dos demais habitantes, que os acusam de indiferença, e até de ódio, para com eles.

Apesar de sua situação, alguns convertidos ainda mostram fortes preconceitos contra os judeus. Em 24 de julho de 1941, Czerniakow menciona em seu diário os preconceitos de que deu mostras o padre Poplawski na ocasião em que ele,

Czerniakow, foi pedir ajuda para os cristãos de origem judaica: "Poplawski disse que considerava um sinal do céu o fato de Deus tê-lo instalado no gueto. Com isso, depois da guerra, ele sairia do gueto tão antissemita quanto tinha entrado, por constatar que os mendigos judeus (as crianças) têm grande talento dramático e são capazes de imitar os cadáveres nas ruas."[223] Outros convertidos chegam a assumir uma atitude abjeta, como Jozef Szerynski, comandante da polícia judaica, ou médicos convertidos, como o doutor Stanislas Szeniszer, que chama os doentes de "judeus sujos", e o cirurgião Alexander Wertheim, que faz uma petição às autoridades alemãs em que "esclarecia ter se convertido havia trinta anos, e não vinte, acrescentando que sua atitude para com os judeus, longe de ser liberal, tinha sido sempre hostil".[224]

Em contrapartida, Hirszfeld lembra a radical mudança de atitude do abade Godlewski quando se viu no gueto. "Ele, antes, fora um antissemita que se manifestava pela palavra e pela escrita. Mas, quando o destino o jogou numa desgraça absoluta, mudou de atitude e veio em socorro dos judeus com todo o ardor de seu coração sacerdotal."[225] Outros convertidos têm, como ele, um comportamento exemplar: a irmã de caridade Ala Golomb-Grinberg preferiu permanecer no gueto para continuar seu trabalho; um assistente social jejuava uma vez por semana para poder distribuir seus cupons de refeição aos indigentes.

Os judeus e os convertidos vivem lado a lado no gueto, sem se frequentar. Não sabemos que resposta deu o padre Godlewski à solicitação de algumas crianças do orfanato do doutor Janusz Korczak, que pediram permissão para frequentar os jardins da igreja de Todos os Santos, situados dentro do gueto.

Ao Reverendo Padre, vigário da igreja de Todos os Santos,
Pedimos humildemente ao reverendo padre permissão para vir algumas vezes ao jardim da igreja, aos sábados, se possível no começo da manhã (entre 6h30 e 10 horas). Morremos de vontade de ter um pouco de ar puro e contato com o verde. Queremos conhecer a natureza e fazer amizade com ela. Não estragaremos as plantas. Por favor, não recuse.
Assinado: Zygmus, Sami, Hanka, Aronek.[226]

5
Adaptação a qualquer custo

"A guerra revela o melhor e o pior que há no coração das pessoas. Assim como a doença, ela é um teste [...] entre os judeus, egoísmo feroz ou solidariedade total para com os miseráveis."[227]

Dentro do gueto, os judeus empregam uma energia fora do comum para sobreviver e também para realizar ações solidárias junto aos mais vulneráveis, os refugiados, as crianças e as pessoas idosas. Algumas instituições comunitárias de proteção social e organizações de ajuda mútua atuam no gueto. Três grandes instituições se destacam por suas atividades: a TOZ (Towarzystwo Ochrony Zdrowia Ludnosci Zydowskiej, Sociedade para a Promoção da Saúde)[i], a Centos (Centrala Zwiazku Towarzystur Opicki nad Sierotami i Dziecmi Opuszczonymi, União das Associações de Auxílio aos Órfãos e às Crianças Abandonadas)[ii] e o ORT (que promove a formação profissional). Em 23 de janeiro de 1940, os alemães criam uma organização judaica, a JSS (Jüdische Soziale Sebsthilfe ou Zytos, em polonês), presidida por Michael Weichert, um diretor de teatro de expressão iídiche. Encarregada de coordenar as ações de

---

i. A TOZ foi fundada em 1922 pelo doutor Gerszon Lewin, que dirigia antes da guerra uma importante rede de dispensários cujas ações de saúde pública foram notáveis.

ii. A Centos, fundada em 1924, atuava em favor dos órfãos. Havia locais onde as crianças recebiam serviços médicos, alimentos e apoio pedagógico.

solidariedade no âmbito do Governo Geral, essa instituição judaica supervisiona as ações da TOZ, da Centos e do ORT.

Grande parte do financiamento das ações de solidariedade se deve ao Joint (Joint Distribution Committee) por intermédio da JSS. Antes da guerra, essa entidade, financiada sobretudo por judeus dos Estados Unidos, promovia a criação de colônias de férias, cantinas escolares, sopas populares e dispensários, principalmente junto a populações em situação socioeconômica precária. Durante a ocupação, a dificuldade para obter financiamento provindo dos Estados Unidos torna necessário tomar um empréstimo de judeus ricos de Varsóvia, que seria pago ao fim da guerra. Muitos desses doadores compreendem ser preferível emprestar ao Joint a correr o risco de confisco por parte das autoridades alemãs.

Assim, certo número de ações solidárias pode continuar, em especial uma rede de distribuição de sopas populares cujo número varia de acordo com os fundos disponíveis. Calcula-se que 65% da população do gueto tenha se beneficiado delas na primavera de 1941. As cantinas comunitárias, que dependem de ajuda mútua, distribuem uma refeição gratuita ou mediante uma pequena contribuição.

Além de cantinas criadas pelos sindicatos ou por partidos políticos, como o movimento sionista Hashomer Hatzair ou o Bund, existem cantinas privadas para as diferentes categorias sociais, em que se incluem escritores, artistas, religiosos, impressores e tipógrafos, intelectuais, convalescentes, etc.

O surgimento das comissões de edifício

A arquitetura especial das moradias do gueto, construídas em volta de um pátio (*hoyf*), facilita muito o estabelecimento

de laços de solidariedade entre seus habitantes.[iii] "O edifício-
-padrão podia abrigar tantos judeus quanto um pequeno *shtetl*
(bairro). Antes da guerra, o *hoyf* era um microcosmo da Varsóvia
judaica, um emaranhado fervilhante de lojas e fábricas, com
acomodações no subsolo para os mais pobres e apartamentos
mais espaçosos nos andares superiores."[228]

Assim sendo, os habitantes se comprazem em reunir-se,
depois do toque de recolher, para discutir o curso da guerra
ou para levantar o moral. Durante a festa de Chanucá, eles se
juntam para acender velas e cantar.

A ideia das comissões de edifício é concebida por duas
mulheres, Dorota Zalshupin e sua filha, a advogada Doshia
Mintz. Com isso, elas atendem ao desejo que os habitantes têm
de se reunir com um objetivo mais solidário. Essas comissões,
que existem em todos os edifícios grandes, organizam refeições,
distribuição de roupas e artigos de puericultura, e creches.

Em 29 de novembro de 1940, Chaim Kaplan chama a
atenção para a sua originalidade:

> Trata-se de uma iniciativa muito feliz e de grande sucesso. É de
> um tipo que nunca se conheceu em tempos de paz, quando a
> imprensa procurava fazer ampla divulgação desse tipo de ini-
> ciativa. Todavia, nenhuma ação podia chegar até a massa. No
> presente caso, todos os lares judeus, dos maiores aos menores,
> estão envolvidos. À frente das comissões de edifício encontram-
> -se homens do povo que agem de forma a sensibilizar as pessoas
> e obrigá-las a doar...

---

iii. Em Lublin, Lodz, Vilna e Cracóvia, as condições de habitação, muito
diferentes das de Varsóvia, não permitiram o desenvolvimento dos comitês
de edifício.

Mais adiante, ele acrescenta: "Em cada edifício, não há menino acima de dez anos que não tenha uma tarefa do interesse de todos a executar. Cada comissão de edifício divide-se em subcomissões específicas (finanças, higiene, educação, assuntos políticos, habitação, vestuário, abastecimento, etc.), e cada uma destas se subdivide, de modo que cada indivíduo tenha um trabalho a fazer."[229] Cada comissão é dirigida por um coletivo de cinco a doze membros eleitos entre os moradores do edifício. Algumas delas são remanejadas para formar comissões regionais. Elas são financiadas pela JSS e pelas contribuições dos moradores mais abonados.

Em sua qualidade de chefe do setor público do Aleynhilf, Emanuel Ringelblum encarrega-se de estabelecer a ligação entre as várias comissões de edifício.

O ensino se torna clandestino

Com o pretexto do perigo de epidemia, as autoridades alemãs procedem ao fechamento das escolas judaicas de Varsóvia em fins de novembro de 1939. Comissões de edifício e instituições escolares como o ORT desenvolvem um sistema de ensino clandestino. Algumas crianças beneficiam-se do ensino proposto pelas organizações religiosas, sionistas e do Bund (Tsukunft e Skif).

Alguns pais organizam cursos particulares clandestinos, trazendo professores para suas casas. Assim, a jovem Janina Bauman e outros alunos estudam com um professor particular num apartamento. Janina traduz Horácio e aprende o teorema de Pitágoras.[230] Em 15 de fevereiro de 1941, Chaim Kaplan também descreve esses cursos clandestinos: "As crianças estudam em segredo. Em cômodos afastados, em bancos diante das mesas, pequenos estudantes se sentam e aprendem a se tornar marranos."[231]

Em setembro de 1941, depois de muita insistência, o Judenrat consegue autorização para abrir estabelecimentos de ensino primário e técnico. Para o Conselho do Ensino Primário Judeu, essa medida é essencial. Heinz Auerswald a apoia porque isso dá uma aparência de normalidade à vida no gueto, com a vantagem de tranquilizar seus habitantes. Mas, em julho de 1942, apenas 6,7 mil das cinquenta mil crianças judaicas na faixa de cinco a onze anos frequentam as escolas. As condições são muito difíceis devido à falta de materiais, lápis e cadernos. As salas requisitadas funcionam desde a manhã até a noite, à hora do toque de recolher.

Larissa Cain, que tem nove anos, exprime a alegria que sente em retornar à escola:

> Para mim, voltar à escola era como um retorno à situação de antes, como se minha vida retomasse o ritmo interrompido por dois longos anos. [...] Eu sabia que tinha muito a aprender e que esse conhecimento me seria dado pela escola. [...] Tínhamos cadernos improvisados, um livro para quatro ou cinco alunos, mas nossa jovem professora nos ensinava gramática, ortografia, aritmética. Como uma esponja seca, eu absorvia todos esses conhecimentos, que me foram bastante úteis mais tarde.[232]

A fome limita a capacidade de concentração dos alunos. "Todos os seus pensamentos iam para a comida", escreve Ringelblum. "Aonde quer que vá, e o que quer que faça, ele sonha com o pão, para diante de cada padaria, diante de cada vitrine. Ele se torna resignado e apático, nada mais o interessa."[233]

Para tentar contornar esse problema, o Judenrat organiza um serviço de cantina escolar que oferece um desjejum e uma sopa quente aos alunos.

O ensino é uma maneira de resistir à opressão, como ressalta Chaim Kaplan: "Escolas levam as crianças que lhes são confiadas a esses jardins, enquanto outras, mais velhas, ali assistem a aulas. Em suma: uma flecha no olho dos nazistas! A pulsação da vida nunca se interrompeu. Somos ensinados a viver, arrastados para a arte de viver."[234]

Embora as livrarias e bibliotecas estejam proibidas, a sede de leitura continua intacta. Para driblar essa proibição, muitos vendedores oferecem livros por baixo do pano, e são organizadas "bibliotecas clandestinas que circulam de casa em casa".[235] No segundo semestre de 1941, algumas bibliotecas e livrarias conseguiram autorização para voltar a funcionar, mas tiveram de fechar suas portas em janeiro de 1942.

Abrem-se espaços de recreação

Apesar das dificuldades da vida cotidiana, as crianças continuam a se divertir. Larissa Cain conta suas brincadeiras no pátio do edifício onde mora, na rua Prosta: "Esse pátio será muito importante para nós, crianças, desse conjunto de edifícios. Como não podemos ir à escola, aproveitamos para nos reunir e brincar juntos. Eu gostava de pular amarelinha, jogar bola, e nunca me cansava de pular corda. Brincar me fazia participar do mundo infantil, longe da atmosfera de tensão e das preocupações da casa."[236]

Na primavera de 1942, abrem-se três espaços públicos de diversão. Por iniciativa do Bund, a associação de educação física Morgenstein (Estrela da manhã) é reativada e oferece cursos de educação física e de ginástica rítmica. Testemunhos surpreendentes revelam a realização de competições esportivas entre judeus do gueto e alemães. Kaplan lembra uma partida que foi disputada num terreno baldio da rua Gesia: "Quando estavam passando, [os soldados alemães] se dirigiram aos jogadores de maneira cortês e pediram permissão para se juntar a eles. Os jovens acederam. Terminada a partida, eles se separaram como bons companheiros. Foi um milagre."[237] E mais: "Em outra ocasião, algumas crianças judias foram levadas para o trabalho obrigatório. Em lugar de trabalhar, porém, foram convidadas a jogar futebol; para sua grande decepção, os arianos foram vencidos por aquelas crianças da 'raça inferior'. Mas eles não se sentiram humilhados e, para ter uma revanche, combinaram uma data para outra partida."[238] Emanuel Ringelblum, que foi informado de um jogo amistoso de futebol entre judeus e alemães, comenta: "Os judeus ganharam de 2 a 1. Isoladamente, os alemães se comportam com humanidade (em grupo, não)."[239]

Cria-se uma faculdade de medicina

Em janeiro de 1940, o Judenrat cria um serviço de saúde que administra seis centros de atendimento e dois hospitais; neles trabalham 156 médicos. Seu arsenal terapêutico é pobre, e os instrumentos médicos sofreram confiscos antes da instauração do gueto. As condições de hospitalização são extremamente precárias devido a falta de leitos e insuficiência de rações alimentares. Os doentes "ficam deitados em leitos de ferro desprovidos de roupas de cama e, para se cobrirem, dispõem apenas de seu casaco ou jaqueta", escreve o historiador judeu polonês Ber Mark. "As janelas já não têm vidraças. A superlotação e o despojamento são indescritíveis."[240] Depois de visitar os hospitais, Czerniakow escreve: "Cadáveres nos corredores, três doentes na mesma cama."[241]

É grande o número de médicos. Emanuel Ringelblum contabilizou 750 em dezembro de 1940, mais ou menos um para cada quinhentos habitantes. Em contrapartida, a dotação de medicamentos é extremamente limitada.

Quando as autoridades alemãs pedem que se tomem medidas eficazes para lutar contra o tifo, médicos judeus de renome, sob a direção dos doutores Juliusz Zweibaum[iv] e Ludwik Hirszfeld[v], aproveitam a circunstância para criar uma faculdade de medicina clandestina. A aula inaugural é ministrada em 11 de maio de 1941 num edifício conhecido pelo nome de Arbeitsamt (Departamento do Trabalho), situado a alguns metros do muro, fora da área do gueto, na esquina da rua Leszno com a Zelazna. Os professores e alunos precisam estar munidos de um passe de livre-trânsito.

Na faculdade, estudantes judeus estudam matérias fundamentais, como bioquímica, anatomia, histologia. Instalam-se laboratórios rudimentares para que os alunos possam fazer trabalhos práticos. O objetivo de Ludwik Hirszfeld é estimular os jovens a continuar a aprender, a despeito das circunstâncias: "O inimigo quer nos despojar, a nós, poloneses e judeus, de

---

iv. Titular da cadeira de histologia e embriologia da Faculdade de Medicina de Varsóvia.

v. Professor de bacteriologia e imunologia da Universidade de Varsóvia que descobriu a salmonela hirszfeldi, um micro-organismo agente de uma febre paratifoide. Ele colaborou com Karl Landsteiner, prêmio Nobel por pesquisas no campo dos grupos sanguíneos. Hirszfeld fundou um novo campo de conhecimento científico, a seroantropologia, e publicou mais de trezentos trabalhos e seis tratados.

tudo o que é arte e ciência. Pode ser que venhamos a perecer, mas, se assim for, façamo-lo com dignidade. Nosso pensamento deve poder [...] escapar para onde nos seja permitido refletir e criar."[242]

Um dos professores, o doutor Henryk Makower, recorda-se dos alunos com emoção: "O fato de estar entre esses jovens formidáveis e inteligentes fazia-me sentir viver mais intensamente. [...] Que prazer fazer uma pergunta no meio de uma exposição e receber uma resposta tão rápida quanto lógica e pertinente."[243]

Ludwik Hirszfeld também sente uma grande satisfação em transmitir seu precioso saber: "O conhecimento é o meu alívio e a minha esperança; sem ele, eu não conseguiria subsistir."[244] Seus ensinamentos se dão por meio de aulas semanais de duas horas: uma hora de teoria e uma hora de clínica. As aulas correspondem ao programa dos dois primeiros anos do curso de medicina. Como explicou Hirszfeld em seguida:

> Eu sempre tinha a impressão de [dar aulas para] passarinhos assustados [...]. Eu olhava seus rostos juvenis e dizia para mim que poucos deles haveriam de sobreviver. [...] Será que eu deveria, antes de sua morte, lhes falar de infecções e aplicar provas de bacteriologia a condenados? Não, eu iria arrancá-los [da realidade] fazendo-os alçar um grande voo do pensamento [...]. Quando lhes falava de meu assunto preferido, os grupos sanguíneos, eu os levava às margens do Ganges e lhes dizia que era lá que eu esperava descobrir os grandes princípios da transformação dos grupos sanguíneos. Eu lhes dizia: "Escutem, estou aqui com vocês atrás desse muro, como cada um de vocês; qualquer soldadinho idiota pode me matar por mero capricho. Mas o pensamento me permite andar por terras distantes, porque me

apaixonei pela ciência." E, mais adiante: Lá de baixo vinha o barulho dos disparos e os gritos das vítimas. Mas [os alunos] continuavam sentados, absolutamente atentos. [...] Nunca falei com tanta plasticidade nem com tanto entusiasmo. Eu sentia que devia dar àqueles jovens uma vida à qual eles tinham direito, assim como tinham direito à juventude e ao amor. Na verdade, quem falava não era eu. Por trás de mim estava o espírito da empatia e do amor, que me ditava palavra por palavra, frase por frase.[245]

Alguns desses estudantes haveriam de sobreviver e continuariam seus estudos de medicina depois da guerra. "Aquela escola de medicina era apaixonante: durante um ano, aprendemos anatomia com uma terminologia latina — o que facilitou muito meus estudos na França —, os rudimentos de imunologia, de histologia e de fisiologia. Aos dezesseis anos, comecei a fazer dissecações."[246]

Na faculdade de medicina clandestina do gueto, um grupo de médicos, sob a direção de Yisroel Milejkowski[vi], resolve realizar um trabalho de pesquisa multidisciplinar sobre os efeitos da fome no organismo. Em 6 de julho de 1942, o hospital Czyste promove um congresso científico presidido pelo doutor Milejkowski. Este redigiu a introdução do relatório sobre o trabalho de pesquisa: "O momento é extraordinário: esse trabalho nasceu e foi elaborado em condições simplesmente inacreditáveis. Enquanto manejo a pena, a morte se insinua em meu quarto pelos quadrados negros que dão para os edifícios

---

vi. Inicialmente, a comissão organizadora era composta pelos médicos Anna Braude-Heller, Josef Stein, Emil Apfelbaum, Julian Fliederbaum e Mieczyslaw Kocen, cada um com sua especialidade.

abandonados, enfileirados tristemente numa rua sem vida [...]. A presente obra está inacabada."²⁴⁷ Para terminar, ele presta uma última homenagem a seus confrades:

> Estas últimas palavras são para homenagear vocês, médicos judeus. Que posso lhes dizer, meus caríssimos colegas e companheiros de desgraça? Cada um de vocês é uma parte de todos nós. A escravidão, a fome, a deportação, os rostos desaparecidos de nosso gueto foram também sua herança. Mas vocês, com seus próprios meios, puderam desafiar os carrascos: *Non omnis moriar.* Que eu não morra completamente.²⁴⁸

Como se previa a liquidação definitiva do gueto e o desaparecimento progressivo da maioria dos autores do trabalho, foi providenciado a tempo o envio dos manuscritos inacabados ao professor Witold Orlowski, diretor da clínica de doenças internas da Universidade de Varsóvia.

A vida religiosa continua, mas clandestinamente

Em janeiro de 1940, os alemães proíbem a vida religiosa. As sinagogas e os banhos rituais são fechados no território do futuro gueto e em toda a cidade. É proibido reunir-se em *minyan*[vii] privadamente, sob o pretexto do risco de transmissão do tifo. Estipulam-se punições severas em caso de desobediência, o que não impede os judeus religiosos de desafiarem as proibições: "Nesses tempos perigosos, as orações públicas são proibidas. Toda pessoa que incorrer nesse crime sofrerá uma pena severa.

---

vii. Para fazer algumas preces, é indispensável a presença de dez homens. Esse número é chamado de *minyan*.

Em certo sentido, considera-se isso uma espécie de sabotagem, e o acusado de sabotagem arrisca a vida. Mas isso não nos intimida."[249] Com efeito, realizam-se cultos nos apartamentos:

> Centenas de *minyanim* clandestinos organizaram serviços em toda Varsóvia, e não se saltou nenhum dos hinos da liturgia, nem mesmo os mais difíceis. [...] Escolheram-se cômodos afastados, cujas janelas davam para pátios internos, e era ali que, em voz baixa, eles faziam suas preces ao Deus de Israel. Nessas ocasiões, não havia cantores nem coros, apenas preces murmuradas. Mas são preces que vêm do fundo do coração; é possível também chorar em segredo, e as lágrimas não são enxugadas. Assim louvamos o Deus de Israel "que guarda as nossas vidas".[250]

Em 2 de outubro de 1940, porém, na véspera do Rosh Hashaná, Chaim Kaplan exprime sua tristeza: "Não temos mais culto público, mesmo nas festas mais santas. A noite reina em nossas sinagogas porque ninguém vem orar nelas. Silêncio e desolação no interior, e o luto que espreita de fora. A proibição inclui mesmo esses dias tão santos, por isso não haverá culto público."[251]

Ministram-se cursos do Talmude clandestinamente, com certas indicações secretas para chegar até eles: "Cena de interior: em tal pátio, em tal conjunto de edifícios, os estudos talmúdicos serão ministrados em segredo. A porta só se abrirá para os que conhecerem a senha combinada (é preciso bater de certa maneira). No interior, trabalha-se em pequenos grupos: uns estudam a Mishná, outros a Gemará, e há ainda os que oram."[252] Ringelblum lembra a existência de um Talmude Torá frequentado por setecentos alunos.

O dirigente do Bund Bernard Goldstein se mostra admirado com a resistência dos judeus praticantes, especialmente expostos ao perigo: "Dada a sua aparência, os judeus praticantes sofreram mais que os outros as vexações impostas pelos alemães. Alguns ficaram vários anos sem sair de casa, para não serem obrigados a cortar os cachinhos laterais."[253]

Com a permissão das autoridades alemãs, a grande sinagoga da rua Tlomackie é reaberta, com uma imponente cerimônia, em junho de 1941. Em março de 1942, ela é excluída do território do gueto e, por fim, destruída completamente em 16 de maio de 1943, para comemorar a vitória alemã contra os insurgentes do gueto.

A vida política continua

Os partidos políticos judeus também desenvolvem atividades políticas clandestinas no interior do gueto. Uma das mais importantes é a publicação de jornais. Seu público leitor é grande, e, num primeiro momento, os alemães nada fazem para interromper sua publicação. Contam-se cerca de sessenta jornais (26 em iídiche, vinte em polonês, dez em hebraico). O Bund edita seis periódicos: *Der Weker* (semanal), *Biuletyn* (mensal), *Zaïtfragn* (órgão teórico), *Za Nasza i Wasza Wolnosc* (mensal), *Yugnt-Shtime* (mensal) e *Nowa Mlodziez* (mensal). Seu principal objetivo é oferecer à população do gueto uma versão dos acontecimentos diferente da que é difundida pela propaganda alemã. Mas a frequência de sua publicação é irregular, e o número de páginas, muito reduzido (normalmente, de uma a quatro páginas mimeografadas). Segundo Marek Edelman, a tiragem varia de trezentos a quinhentos exemplares, e cada exemplar é lido, em média, por vinte pessoas.[254]

Os partidos políticos continuam suas disputas. O Bund mantém grande parte de sua infraestrutura graças ao trabalho de base de seus quadros dirigentes. Seus membros são partidários de uma luta contra o capitalismo e põem no mesmo saco a Alemanha nazista e os Aliados. Defendem uma aliança das classes operárias judaica e polonesa.

Depois do ataque da União Soviética e do assassinato de mais de um milhão de judeus nos territórios ocupados pelos alemães, o Bund termina por escolher seu lado. Mantém-se contrário aos sionistas, que acham que os judeus não têm nenhum futuro na Diáspora, só lugar em Eretz Israel (Terra de Israel).

Há um ponto em comum entre os diferentes partidos: o ódio ao Judenrat, considerado uma instituição conservadora dirigida por uma elite social indiferente aos problemas dos habitantes do gueto.

Cada partido político dispõe de grande número de movimentos de juventude que organizam atividades educativas e de caráter ideológico.[viii]

A fim de prepararem novas gerações para a *aliá* na Palestina, eles estimulam o envio de jovens a fazendas para que sejam iniciados nos trabalhos agrícolas. Em abril de 1940, os militantes do movimento Dror são autorizados a irem trabalhar em dois

---

viii. Os principais movimentos sionistas são o Dror (Liberdade), o movimento de juventude do Partido Sionista Socialista Judeu Poalei Sion (Os Trabalhadores de Sião); Gordonia, movimento de juventude sionista de esquerda não marxista fundado em 1923 por David Gordon; o Hashomer Hatzair, organização judaica de escotismo, criada em 1915, que defende o socialismo e a volta à terra; e o Hechalutz, organização de juventude sionista nascida em 1917. Existem também dois movimentos de juventude do Bund: Tsukunft e Skif.

de seus *kibutzim*, em Grochow e em Czerniakow, bairros de Varsóvia. Essa iniciativa orientada para os trabalhos agrícolas suscita uma forte oposição dos movimentos de resistência poloneses, que a consideram como uma ajuda ao esforço militar alemão: "O jornal clandestino polonês *Pelas Nossas Liberdades* se opõe energicamente ao projeto de empregar na agricultura cinco mil jovens judeus. Segundo o veículo, isso constituiria claramente colaboração."[255] O Bund também se opõe a essa medida, que acarreta a deportação de agricultores poloneses para a Alemanha.[ix]

Os membros dos movimentos de juventude do gueto, tanto sionistas quanto socialistas, constituem a ponta de lança da Resistência judaica que vai combater as autoridades de ocupação. Eles censuram a geração de seus pais por não ter feito uma franca oposição às medidas antijudaicas e por sua relutância em engajar-se na luta armada.

Os espetáculos se multiplicam

Depois do choque do anúncio do fechamento do gueto, os judeus decidem promover uma série de conferências, cursos e concertos. A comunidade exprime, assim, sua vontade de viver e de sobreviver, apesar das condições e segundo o princípio de "santificação da vida" (*Tzu iberleybn*, em iídiche). Cinicamente, Heinz Auerswald escreve uma nota: "A maior liberdade concedida até agora aos judeus diz respeito ao que se chamam atividades culturais. [...] Todas essas medidas os

---

ix. Foram enviados para a Alemanha, em abril de 1940, 287.348 prisioneiros de guerra poloneses para trabalhos forçados, em sua maioria agrícolas. No total, 1.007.561 trabalhadores forçados poloneses foram requisitados para a Alemanha de 1940 a 1941.

tranquilizaram um pouco, o que é necessário se desejamos explorá-los em nosso proveito."²⁵⁶

Em abril de 1941, para reafirmarem o caráter autônomo do "bairro judeu", os alemães autorizam a abertura de teatros em que as peças são apresentadas em iídiche e em polonês. "No gueto, há um pequeno teatro na rua Leszno [com espetáculos em polonês] e dois teatros de expressão iídiche [...]. O teatro Femina monta algumas revistas [...], três operetas e várias comédias musicais."²⁵⁷

Os espetáculos cômicos alcançam grande sucesso. O riso é uma forma de resistência à espiral infernal em que as autoridades nazistas buscam mergulhar os judeus: "Uma nação capaz de suportar provações tão terríveis sem perder o espírito, sem se suicidar — e ainda ser capaz de rir —, tem sua sobrevivência garantida. O que desaparecerá primeiro, o nazismo ou o judaísmo? Posso apostar! Será o nazismo o primeiro a desaparecer!"²⁵⁸

Esse estado de espírito explica o sucesso alcançado por Rubinstein, que Emanuel Ringelblum considera "o bufão do gueto". Coberto de andrajos, esse personagem passeia pelas ruas com seu passo saltitante. Muitas vezes, ele se vê rodeado de crianças e de adolescentes, os quais ele diverte com suas tiradas. Wladyslaw Szpilman não consegue descobrir a verdadeira personalidade desse *clown*: "Ainda agora me pergunto se, como tantos outros, ele não caiu numa loucura devido aos sofrimentos por que passou ou se simplesmente a simulava para escapar à morte."²⁵⁹ Rubinstein afirma a todas as pessoas que cruzam com ele: "Não se deixe abater, meu jovem!", ou, na maior parte das vezes, duas palavras em iídiche, que ele repete em voz alta e bastante clara: "*Ale glach*!" (Todos iguais!). "Seria uma constatação, uma previsão ou uma advertência?", pergunta-se Marcel Reich-Ranicki.

O homem era louco ou fingia ser? Ninguém sabia. [...] Será que éramos mesmo todos iguais? Cientistas sérios e corretores grosseiros, médicos excelentes e mendigos dignos de pena, artistas de renome e simples vendedores ambulantes, banqueiros ricos e pequenos escroques, negociantes bem estabelecidos e hábeis artesãos, judeus ortodoxos seguros da fé de seus pais e judeus convertidos que não queriam saber do judaísmo e que, muitas vezes, realmente nada sabiam: todos se encontravam no gueto, condenados ao despojamento e à angústia, sofrendo a fome e o frio, a sujeira e a lama, assombrados por medos incontáveis. Sobre todos eles, jovens e velhos, inteligentes ou néscios, pairava uma sombra terrível de que não se podia escapar: a angústia da morte.[260]

Rubinstein faz rir não só os habitantes do gueto, mas também os soldados alemães, que lhe jogam cigarros ou dinheiro quando ele se aproxima insultando-os: "Ei! Vocês, bando de criminosos, velhacos, bandidos!"[261]

A música permeia tudo

A música ocupa o lugar mais importante na vida cotidiana. Com efeito, virtuoses da música que vivem em total penúria são obrigados a tocar nas ruas e pedir esmolas. "Ouviam-se, então, coisas surpreendentes: num pátio, o concerto para violino de Beethoven; em outro, o concerto para clarinete de Mozart. Ambos, naturalmente, sem orquestra"[262], conta Marcel Reich-Ranicki, que descreve também o concerto de uma talentosa harpista, "um instrumento que nunca se imaginaria encontrar ali: cabeça inclinada para trás, ela interpretava na harpa uma música francesa, certamente de Debussy ou de Ravel. Muitos passantes paravam, estupefatos, e lhe deixavam uma cédula de dinheiro ou uma moeda".[263] Ele conta também o caso do pianista Richard Spira, que, não podendo continuar os estudos de piano com seu professor polonês que mora fora do gueto, decide continuar seus estudos por telefone.[264]

O virtuose Wladyslaw Szpilman é obrigado a tocar no café Nowoczesna, na rua Nowolipki. "Meu trabalho não me deixava tempo para me entregar a pensamentos sombrios; além disso, o fato de saber que a sobrevivência dos meus entes dependia de meus magros cachês de intérprete me levou a superar pouco a pouco o profundo desespero em que havia mergulhado."[265] Não obstante, o desinteresse e a incultura da clientela de "novos ricos" do café o deprimem. Ele conta que lhe pediram para interromper seu recital porque este impedia um cliente de avaliar a qualidade das moedas de 20 dólares cunhadas em ouro que acabara de comprar: "Ele as fazia tilintar levemente sobre a mesa de mármore, levava-as ao ouvido entre dois dedos e escutava atentamente o som que produziam, que era o único som que ele apreciava."[266]

Realizam-se recitais para grupos pequenos na residência de pessoas abastadas ou nas salas de concerto.

> Não, não era o desafio que levava os famintos e os desgraçados às salas de concerto, era a necessidade de lenitivo e edificação — esses termos antigos vêm bem a calhar. As pessoas que temiam por suas vidas e vegetavam em compasso de espera estavam em busca de uma proteção e de um retiro por uma ou duas horas; procuravam um refúgio que lhes trouxesse tranquilidade e talvez mesmo a felicidade. O certo é que tinham necessidade de um mundo que fosse o oposto do seu.[267]

Surge, então, uma orquestra sinfônica cuja motivação dos músicos, segundo Reich-Ranicki, era somente pecuniária. "Por amor à arte, para o prazer e a alegria das pessoas? De modo algum! Para ganhar alguns tostões e aplacar a fome."[268] As obras mais apreciadas são as sinfonias de Beethoven, entre as quais a *Eroica*, a *Quinta* e a *Sétima* ou a *Pastoral*.

> Lá onde não havia nem campinas, nem florestas, nem regatos, nem bosques, pessoas que em geral não tinham um gosto particular pela música descritiva de Beethoven ouviam com reconhecimento "o despertar de sentimentos de alegria quando da chegada ao campo e outras cenas idílicas", e se sentiam agradecidas porque esses momentos idílicos nada tinham a ver com o que as rodeava."[269]

Janina Bauman relembra o espetáculo a que assistiu no cinema Femina, transformado em sala de concerto. Ali a menina ouve a *Patética*, de Tchaikovski, dirigida por Szymon Pulman, um violinista que, antes da guerra, lecionava no Conservatório de Viena. "Eu nada sabia de música clássica. A orquestra tocava. No auditório às escuras, todos se mantinham sentados, imóveis, profundamente comovidos."[270]

A orquestra sinfônica do gueto de Varsóvia, criada em 1940 com a permissão das autoridades alemãs, é proibida em 15 de abril de 1942 por ter tocado música de compositores "arianos". A partir de então, só serão permitidas obras de compositores judeus como Mendelssohn, Offenbach, Meyerbeer e Anton Rubinstein, ou ainda autores de operetas como Paul Abraham, Leo Fall ou Emmerich Kalman.

O principal café do gueto, o Sztuka, situado na rua Leszno, recebe muitos artistas: o duo de pianistas formado por Wladyslaw

Szpilman e Andrzej Goldfeder, o poeta Wladylaw Szlengel, o cantor Andrzej Wlast e o humorista Wacus, o Esteta. Janina Bauman recorda-se de ter ido ao Sztuka: "O programa era bom. Além dos velhos sucessos cantados por astros de antes da guerra, o tema era a vida cotidiana do gueto. Corrosivos e finos, os *sketches* e as canções — que parodiavam sem piedade a corrupção e a apatia, ironizando as fórmulas vazias segundo as quais vivíamos numa 'confortável estabilidade' —, faziam o público rir e chorar."[271]

A jovem cantora de vinte anos Marysia (Myriam) Ajzensztadt — filha de David Ajzensztadt (chefe dos coros da sinagoga Tlomackie), cognominada o "rouxinol do gueto" — alcança grande sucesso em cada uma de suas apresentações: "No café lotado dia após dia, o público e a crítica se entusiasmavam"[272], conta Marcel Reich-Ranicki. Sua interpretação da "Ave Maria", de Schubert, comove profundamente Janina Bauman, que a ouve na sala Femina: "Ela tinha uma voz forte e límpida que parecia atravessar as paredes da sala, indo para além de nosso mundo e das preocupações cotidianas. O público chorava, e eu também."[273]

"Era proibido organizar recepções com música e dança", mas os judeus do gueto se reúnem em salões de dança improvisados.

> Há muita frivolidade no gueto — escreve Chaim Kaplan —, e isso é normal quando se trata de pessoas que querem apenas sofrer um pouco menos. Durante o dia, quando o sol brilha, o gueto geme. À noite, porém, todo mundo dança, mesmo os que estão de barriga vazia. Uma música doce e tranquila acompanha os dançarinos. É quase uma dança *mitzvah*. Quanto mais se dança, mais se demonstra a própria fé na "'eternidade de Israel".

Toda vez que a gente se põe a dançar, de certo modo protesta contra os opressores. Será que tudo isso agora vai acabar? Pelo contrário. O fruto proibido é o mais saboroso.[274]

TERCEIRA PARTE

A DEPORTAÇÃO PARA O LESTE

"Só consigo pensar numa imagem capaz de dar uma ideia de nossa existência durante aquele período terrível: a de um formigueiro enlouquecido. Se um bruto tiver a ideia de pisoteá-lo com seu tacão munido de cravos, os insetos vão se agitar em todos os sentidos, buscar uma saída numa desordem crescente, tentando preservar-se. Mas, em vez de fugirem a toda pressa, eles se obstinam em voltar para dentro, como se estivessem enfeitiçados. Seria esse pânico provocado pela brusquidão do ataque? Ou porque desejavam salvar sua progênie ou o que tinham de mais precioso? Seja como for, as formigas se fecham nas mesmas sendas desvairadas, deixam-se prender nessa engrenagem mortal e terminam por perecer. Exatamente como nós."

Wladyslaw Szpilman, Le Pianiste: l'extraordinaire destin d'un musicien juif, Paris, Robert Laffont, 2002, pp. 106-107

1
Antes das deportações

Em 20 de janeiro de 1942, o SS-*Obergruppenführer* Reinhard Heydrich, diretor do Departamento Central de Segurança do Reich e um dos principais assessores de Heinrich Himmler, reúne catorze altos funcionários do Partido Nazista e da administração alemã. Seu objetivo é organizar o que eles chamam de "solução final da questão judaica". Ao longo dos seis meses anteriores, os quatro Einsatzgruppen criados por Reinhard Heydrich exterminaram 482 mil judeus nos territórios conquistados na União Soviética, na operação Barbarossa.[i] Mas, naquele dia, os homens reunidos numa rica casa de campo do subúrbio de Berlim, em Wannsee, planejam o assassinato de onze milhões de judeus europeus. Alguns serão enviados para guetos de trânsito para trabalhar, os demais irão para campos de extermínio.

Na ata da reunião redigida por Adolf Eichmann, responsável pelos assuntos judeus no RSHA, ele usa o termo "tratamento adequado". A contagem regressiva do massacre dos judeus do gueto de Varsóvia e da Europa ocupada acaba de começar.

---

i. *Unternehmen Barbarossa* é o codinome para a invasão da URSS pela Alemanha. Em fins de 1941, os quatro Einsatzgruppen fazem seu balanço: o grupo A liquidou 249.420 judeus; o grupo B, 45.467; o grupo C, 95 mil; o grupo D, 92 mil.

O terror planificado

No decorrer do trimestre anterior às grandes deportações do verão de 1942, as autoridades alemãs instauram deliberadamente um clima de terror no gueto. O primeiro fato marcante é o assassinato, na noite de 18 de abril de 1942, de 52 pessoas. Esse acontecimento será classificado pelo historiador da Shoá Israel Gutman como "a São Bartolomeu do gueto de Varsóvia".[275] Guiados por policiais judeus, os assassinos da Gestapo vão à residência de algumas pessoas escolhidas a dedo. Eles lhes pedem que os acompanhem e as abatem em plena rua, diante da entrada do edifício. Em sua maioria, as pessoas executadas são militantes políticos envolvidos na redação e na difusão de jornais clandestinos. Entre elas, militantes do Bund, como o cabeleireiro Goldberg, sua esposa Naftali Leruch, e seu pai, o editor Sklar.

Esses assassinatos em plena rua, e não dentro da prisão Pawiak, têm o objetivo de aterrorizar os habitantes. Na manhã do dia seguinte, o objetivo é alcançado, e o espetáculo é apavorante: "Praticamente não havia rua em que não se vissem vítimas jazendo por terra como cães mortos"[276], conta Yehoshue Perle. A execução feita pelo SS-*Oberscharführer* Karl Heinrich Klostermayer, na rua Milne, de um velho paralítico que ele lançou pela janela de seu apartamento, depois de ter-lhe dito: "Pois bem, logo veremos como você sabe saltar"[277], choca extraordinariamente a população. O gueto se dá conta de ser "frágil como um castelo de cartas", observa Marek Edelmann.[278]

Os nazistas não explicam de imediato o motivo dessa matança, deixando no ar a impressão de que ninguém está a salvo. Wladyslaw Szpilman, como os demais, busca em vão uma justificativa: "Que sentido tinha aquele novo massacre? Que tinham feito aos alemães aqueles infelizes? Estávamos horrorizados e indignados."[279]

Na tarde do dia seguinte, os habitantes têm um arremedo de resposta ao ler cartazes afixados por ordem das autoridades alemãs. Explicam que queriam "purgar" o gueto de "elementos indesejáveis".[280] Não obstante, os assassinatos se sucedem praticamente todas as noites e atingem não apenas militantes políticos, mas também traficantes, contrabandistas, médicos e vigias de edifícios. Na primavera de 1942, contam-se, em média, três assassinatos por dia. A cada execução, Klostermayer escreve a giz, no portão ou na porta do executado, o número de ordem daquela nova vítima. Os alemães atiram também contra os transeuntes, transformando as ruas do gueto em "matadouros sangrentos".[281] Três crianças que estavam sentadas na frente do Hospital Infantil Berson e Bauman foram mortas sem motivo algum. Uma mulher grávida foi abatida ao atravessar a rua. Emanuel Ringelblum fala de assassinatos diários cometidos por Josef Blösche, um policial alemão apelidado de Frankenstein, "pela semelhança física com o monstro do cinema e por agir como ele".[282]

Confrontados com essa violência cega, os habitantes ficam intrigados. "Todos se esforçavam para descobrir um motivo oculto para esses atos; mal, porém, aventava-se uma explicação, um novo crime desmentia a bela demonstração e nos deixava ainda mais perplexos"[283], conta Sam Hoffenberg.

Segundo Marek Edelman, o objetivo dos nazistas é "aterrorizar o conjunto da população, tornando-a incapaz de reagir, para que o medo de morrer nas mãos dos alemães paralise seus mínimos reflexos e a leve a uma obediência totalmente passiva".[284]

As notícias dos massacres no Leste

Já na primavera de 1941, os habitantes do gueto são informados pela imprensa clandestina da execução maciça de mulheres, crianças e homens judeus nos territórios recém-conquistados da URSS. Essas revelações se devem a militantes de movimentos de juventude sionistas originários de Vilna, como Tema Shneiderman, do Dror Hechalutz, Arie Wilner e Edek Boraks, do Hashomer Hatzair, e Shlomo Entin, do Hanoar Hatzioni. Em setembro de 1941, envia-se a Vilna, em missão especial, Heniek Grabowski, um emissário judeu de Varsóvia. O extermínio sistemático dos judeus da Lituânia suscita inúmeras questões. Esses assassinatos teriam sido cometidos de forma aleatória por unidades SS descontroladas? Tratar-se-ia de pogroms desencadeados contra os judeus pró-comunismo? Seriam consequência da desobediência ou de atos de resistência contra as tropas alemãs? Seja como for, os habitantes do gueto ainda se julgam a salvo. Ninguém consegue considerar a possibilidade da existência de um programa de extermínio do povo judeu. E a verdade é que sua longa e dolorosa história não registra nenhum acontecimento comparável.

Não obstante, alguns militantes dos movimentos de juventude sionistas começam a pensar nessa possibilidade, como testemunha "Antek" Icchak Cukierman:

> Os jovens não se limitam a receber a informação. Eles aceitam sua interpretação, isto é, que era o começo do fim. Uma condenação à morte total dos judeus. Nós não admitíamos a ideia [...] de que tudo aquilo era por causa do comunismo. [...] Por que eu a rejeitava? Porque caso se tratasse de uma vingança dos alemães contra os comunistas judeus, ela viria logo depois da

ocupação. Ora, esses atos não foram planejados e organizados imediatamente depois da ocupação, foram atos premeditados.[285]

A partir de fevereiro de 1942, os rumores vão assumindo contornos mais nítidos. Passa-se a falar da existência do campo de extermínio de Chelmno, que começou a funcionar em 7 de dezembro de 1941. Yakov Groyanowski, fugitivo do campo de Chelmno, conta sua experiência: ele foi integrado a um *Sonderkommando* encarregado de cavar as valas comuns nas quais foram enterrados judeus assassinados por gás de escapamento de caminhões dispostos justamente para esse fim.

Em março de 1942, os habitantes do gueto recebem, com estupor, a notícia de que milhares de judeus da região de Lublin foram deportados e, em seguida, exterminados. De sua parte, Hoffenberg descobre a verdade ao ler uma carta que faz alusão à asfixia com gás de caminhões. Como seria possível acreditar na veracidade dessas informações? Muitos consideram tratar-se de boatos sem fundamento, como aqueles que inundam o gueto desde o início da guerra. "Os relatos sobre os massacres de Lublin são horríveis demais para merecer crédito", escreve Marek Edelman.

> [...] Sem contato com o resto do país, o gueto de Varsóvia continua sem acreditar nas notícias vindas de Lublin. Aventam-se muitíssimos argumentos para apagar qualquer sombra de verossimilhança, mesmo a mais ínfima, contida nos relatos. Recusa-se a admitir que um massacre idêntico possa se repetir na capital da Polônia, onde ainda há cerca de trezentos mil judeus. As pessoas trocam suas certezas, argumentam consigo mesmas ou explicam às outras que "nem mesmo os alemães massacram sem motivo centenas de milhares de pessoas, principalmente

quando necessitam tanto de força de trabalho". Para um homem normal, é difícil compreender que se possa assassinar pessoas por ter olhos e cabelos de outras cores, e uma origem diversa.[286]

Contudo, as informações vão se acumulando progressivamente, e alguns começam a achar que os nazistas planejaram a destruição da comunidade judaica polonesa. Em abril de 1942, Emanuel Ringelblum menciona a existência de "brigadas especiais de extermínio que varrem da face da Terra comunidades judaicas inteiras".[287] Em 16 de junho de 1942, um mês antes do início das deportações, ele escreve lucidamente: "O extermínio prossegue segundo um plano e um cronograma estabelecidos previamente. Só um milagre pode nos salvar: o fim repentino da guerra."[288]

Mas, no verão de 1942, essa possibilidade é remotíssima. No primeiro semestre daquele ano, as forças do Eixo venceram em todas as frentes. As poucas informações que os judeus têm sobre a evolução dos combates e as vitórias esmagadoras da Wehrmacht, transmitidas pela propaganda nazista, não permitem imaginar uma derrota da Alemanha num futuro próximo.

Apesar disso, muitos judeus do gueto continuam a encarar o futuro com otimismo, convencidos de que a entrada dos Estados Unidos na guerra, em dezembro de 1941, vai fazer com que a balança penda rapidamente em favor das forças aliadas. Todos têm esperança de sobreviver até o fim do conflito, ainda que percebam que só uma minoria deles terá essa chance. Segundo eles, a lógica econômica dos nazistas prevalece sobre suas considerações antissemitas, e é inconcebível o extermínio de uma população capaz de contribuir para o esforço de guerra alemão. Para eles, a mobilização de várias faixas etárias para a Wehrmacht confirma a ideia de que a Alemanha tem todo o interesse em preservar uma mão de obra qualificada e barata. Se eles se limitarem a obedecer docilmente às ordens das autoridades de ocupação, pensa ingenuamente a maioria, não correrão nenhum risco. Ademais, as concessões feitas pelas autoridades desde fins de 1941 — como a abertura de escolas, de jardins de infância, de um instituto pedagógico, o aumento das rações alimentares, etc. — vêm corroborar o discurso dos mais otimistas. Chaim Kaplan, ao contrário, censura essa inconsciência e, como sempre, dá mostras de uma terrível lucidez: "Suas esperanças são vãs, vocês se agarram a uma tábua de salvação podre. Todos vocês já estão condenados à morte, só falta fixar a data da execução, [...] vocês têm olhos para ver que a realização dessa terrível previsão já começou."[289]

O que sabia Adam Czerniakow?

Os dirigentes do Judenrat e os líderes comunitários de Varsóvia estão cientes dos massacres. Apesar disso, eles não divulgam a informação, recusando-se a acreditar num extermínio em massa. Em fins de abril de 1942, de volta ao gueto, os irmãos Zvi e Moshe Silberberg, integrantes do Betar[ii], informam ao doutor David Wdowinski, um dos líderes do Partido Sionista Revisionista, que as deportações em grande escala já estão ocorrendo na região de Lublin. O médico reúne-se com Adam Czerniakow. Este o tranquiliza, dizendo-lhe ter recebido garantias do governador Hans Frank de que não se prevê intervenção alguma nos guetos de Varsóvia, de Radom e de Cracóvia.

---

ii. Movimento de juventude sionista criado em 1923, em Riga, na Letônia, por Vladimir Jabotinsky, filiado à União Mundial dos Sionistas Revisionistas.

David Wdowinski adverte também outros dirigentes comunitários. Ele se encontra com Lipe Bloch, do Keren Kayemet, com David Guzik, do Joint, e com Ignacy Schiper, líder sionista respeitado do Poalei Sion e membro da Assembleia polonesa de antes da guerra. Este lhe explica ser "impossível fazer desaparecer meio milhão de pessoas. Os alemães jamais ousariam aniquilar a maior comunidade judaica da Europa. Eles devem levar em consideração a opinião pública mundial. E, finalmente, temos a garantia do governador-geral Frank de que Varsóvia, Radom e Cracóvia ficarão como estão".[290]

Czerniakow teme pelo destino dos habitantes do gueto? Imagina que eles serão poupados das deportações? A leitura de seu diário revela as questões que o intrigam. Em 27 de outubro de 1941, ele lembra laconicamente "rumores inquietantes sobre o destino dos judeus na (próxima) primavera".[291] Em janeiro de 1942, informado de que Heinz Auerswald foi convocado para ir a Berlim, ele escreve: "Não consigo me livrar do temor de que os judeus de Varsóvia possam ficar sob risco de transferência maciça."[292] Em 16 de fevereiro, Czerniakow faz referência à multiplicação dos rumores sobre expulsões e transferências. A leitura de seu diário mostra que ele dispõe de informações muito precisas. Em 18 de março de 1942, ele menciona deportações em Lvov (trinta mil pessoas), Mielec e Lublin; em 1º de abril, registra que 90% dos judeus do gueto de Lublin devem deixar seus alojamentos nos dias seguintes e que os membros do Judenrat de Lublin, entre os quais Henryk Becker, seu presidente, foram presos.

Depois de Auerswald lhe pedir, em 29 de abril, que fornecesse estatísticas da população por rua e por edifício, e o funcionário alemão a seu serviço, Hermann Probst, exigir dez mapas do gueto, Czerniakow ficou cada vez mais intrigado.

"Será que existem novas determinações?"²⁹³ Uma anotação em seu diário, datada de 8 de julho de 1942, em que Czerniakow se compara ao capitão do Titanic, dá a entender que ele já não se deixa enganar: "Eu me lembro de um filme: o navio vai a pique, e o capitão, para dar coragem aos passageiros, manda a orquestra de jazz tocar. Resolvi imitar esse capitão."²⁹⁴

Czerniakow sabe também da existência do campo de Treblinka, instalado próximo à estrada de ferro Varsóvia-Bialystok. Em 17 de janeiro de 1942, Auerswald o informou de que, por ordem do governador-geral Frank, prisioneiros judeus da prisão Pawiak, em Varsóvia, seriam enviados para trabalhar lá. Em 10 de março, Czerniakow assinala a partida para o campo de cinco publicistas judeus e, em 9 de abril, de cerca de 160 jovens judeus alemães recém-chegados. O que o presidente do Judenrat ignora é que esses homens foram encarregados da construção do campo de extermínio cujas câmaras de gás se destinam ao assassinato da quase totalidade da comunidade judaica de Varsóvia.

Deve-se resistir?

No início da primavera de 1942, os movimentos sionistas parecem ter tomado consciência da gravidade da situação. Em março de 1942, a *Contracorrente*, publicação oficial do Hashomer Hatzair, denuncia o extermínio de cinquenta mil judeus em Vilna e a execução com gás de outros doze mil em Chelmno, propondo uma mudança radical de pensamento:

> A característica mais chocante nesses incidentes é a total apatia dos judeus. Em nenhuma dessas cidades, os condenados à morte demonstraram a menor veleidade de autodefesa. Essa atitude não

pode persistir se outros massacres como os de Vilna e Chelmno vierem a ser perpetrados. Não podemos nos permitir tal indiferença. Se já não há mais nada a perder, morramos pelo menos de cabeça erguida, para que as matanças das bestas hitleristas não fiquem sem uma reação. Isso ajudará também a próxima geração a dar o troco aos assassinos alemães."[295]

Em março de 1942, o PPR, Partido Operário Polonês, representado por dois de seus quadros, Joseph Lewartowski-Finkelstein e Pinkus Kartin — este último, ex-combatente na Guerra Civil Espanhola, lançado de paraquedas na Polônia pelo Exército soviético, possui uma identidade falsa: Andreï Schimit —, alia-se ao Poalei Sion de esquerda, representado por Shakhne Sagan; com o Dror, representado por Zivia Lubetkin e Antek Icchak Cukierman; e com o Hashomer Hatzair, representado por Joseph Kaplan. Eles vão constituir a primeira organização de combate, o Bloco Antifascista. Devido a divergências ideológicas, os dirigentes do Bund, Maurycy Orzech e Abrasza Blum, não se dispõem a aderir. Em compensação, defendem uma resistência armada de caráter não estritamente judaico, mas em colaboração com a Resistência clandestina polonesa.

Como não dispõem de armas, as ações de resistência do Bloco antifascista são muito limitadas. O Bloco desenvolve um trabalho marcadamente de informação, com vistas a frustrar as ações da Gestapo e evitar eventuais denúncias. Em maio de 1942, a Gestapo prende os dirigentes do PPR Joseph Lewartowski-Finkelstein e Pinkus Kartin na parte ariana da cidade.

Muitos judeus aceitam a ideia de criar um movimento de resistência, mesmo temendo as represálias dos alemães. Os religiosos judeus, entre os quais o rabino Zisha Friedman, se opõem a toda e qualquer ação armada. "Deus deu e Deus tomou de volta! Não somos criminosos para pôr em risco a vida de todos os outros judeus! Dado que existe uma responsabilidade coletiva de todos os judeus em face do inimigo, não somos criminosos para levantar a mão contra os alemães e, assim, provocar a destruição de centenas de milhares de judeus!"[296]

Isso não impede os atos individuais de resistência, que aumentam a cada dia. Em maio de 1942, alguns jovens fugiram do bonde que os conduzia para o trabalho forçado. Em junho de 1942, houve uma confusão envolvendo trabalhadores judeus e policiais poloneses. A título de represália, as autoridades alemãs executam 110 judeus (cem civis e dez policiais) que estavam detidos por ter passado ilegalmente para o lado ariano. Antes de ser executada, uma das mulheres grita para os alemães: "Eu vou morrer, mas vocês terão uma morte muito pior!"[297]

Alguns dias depois, *Der Sturm*, o jornal do Bund, publica:

> Não vamos chorar as vítimas, não vamos lamentar nem nos desesperar. Eles eram soldados e morreram em combate. Foram assassinados porque somos um povo que não abaixa a cabeça, porque continuamos a desobedecer às ordens e determinações que esses carrascos cínicos dirigem contra nós. [...] Que esse carrasco não duvide de que, doravante, desobedeceremos ainda mais às leis hitleristas. [...] Suas ameaças de punições mais severas não nos amedrontam. Não temos nada a perder. Ao contrário, temos tudo a ganhar.[298]

Os rumores sobre deportação

A partir de junho de 1942, os boatos sobre uma iminente deportação dos judeus de Varsóvia se intensificam pouco a pouco. "Ninguém poderia descobrir de onde eles partiam, nem se havia a mínima confirmação de que [esses boatos] tinham alguma base na realidade, mas eles pipocavam o tempo todo"[299], conta Wladyslaw Szpilman. Entre os rumores, o virtuose revela também que a decisão de fazer deportações maciças fora tomada havia muito tempo, mas que sua concretização teria sido adiada porque o Judenrat pagara considerável soma de dinheiro à Gestapo. "Com isso, as pessoas procuravam tranquilizar-se", explica Marcel Reich-Ranicki. "Mas, por fim, ninguém mais levava a sério esses palpites mais ou menos otimistas. O que reinava era o pânico, temia-se uma catástrofe."[300]

Segundo outro boato que parece mais plausível, os alemães teriam decidido manter no gueto apenas 120 mil judeus que trabalhavam nas fábricas da Wehrmacht. Essa suposição é levada a sério, porque aos funcionários alemães que trabalham no gueto interessa que os judeus permaneçam em Varsóvia, para não serem enviados ao front Leste. Além disso, os dados do Judenrat, que se apoiam em números, demonstram o interesse econômico que essas fábricas têm para a Transportstelle (o serviço das alfândegas alemão).

Para os habitantes, torna-se vital, a partir de então, encontrar rapidamente um trabalho numa das inúmeras fábricas alemãs. Marek Edelman descreve:

> Em massa, as pessoas se empenham em conseguir trabalho numa fábrica, num escritório, na administração. Num piscar de olhos, mulheres que passavam a vida no café se transformam em costureiras laboriosas, em cerzideiras, em secretárias. Algumas oficinas só aceitam aqueles que trazem sua própria máquina de costura. O preço dessas máquinas dispara. Para conseguirem emprego num ateliê, as pessoas se apressam cada vez mais em pagar, cada vez mais nervosamente e cada vez

mais caro. Só se fala nisso. Só se pensa nisso. Todos querem trabalhar![301]

A fábrica de Többens, que tinha 4,5 mil empregados, passa a ter doze mil. Embora as condições de trabalho sejam difíceis, com um mísero salário de 5 a 7 zlotys por dez a doze horas de presença obrigatória por dia, compram-se os certificados de trabalho com dinheiro, diamantes, joias e ouro. Os mais ricos pagam somas vultosas a alemães ou a *Volksdeutsche* para participar de um empreendimento misto ou para comprar máquinas destinadas à montagem de outras fábricas. Como resume Sam Hoffenberg: "Qualquer coisa era melhor que ser improdutivo!"[302]

Diante das fábricas, pessoas portando máquinas de costura formam longas filas de espera. Todas estão à procura de pistolões que facilitem a obtenção do posto tão desejado, como lembra Hillel Seidman:

> Grande agitação nas ruas. [...] Todos desejam ser um sobrevivente do navio que está indo a pique. [Tal devia ser a cena a bordo do Titanic quando do naufrágio. Exatamente igual!] Porque o navio soçobra. Apesar das exceções, apesar das promessas e das "palavras de honra" (palavras de honra alemãs...) de que serão poupados os que estão trabalhando, as pessoas caem no desespero. Até então, elas procuravam se iludir um pouco, mas, interiormente, sentem uma grande angústia.[303]

Diante de tal situação de crise, personalidades e quadros do gueto se reúnem em 10 de julho na rua Nowolipki, número 27. Discutem-se medidas a adotar para evitar a deportação. Alguns propõem subornar a Gestapo e coletar quilos de ouro, outros cogitam enviar uma delegação ao governador Frank, em Cracóvia, e há ainda os que propõem a criação maciça de novas fábricas para salvar os judeus do gueto. Joseph Kenigsberg e Zyshe Frydman propõem que se envie clandestinamente um emissário à Suíça, para alertar a opinião mundial, convencer a Inglaterra a conceder cidadania palestina a todos os judeus, pedir aos americanos que ameacem de represálias os alemães que vivem no estrangeiro e, por fim, solicitar ao papa que faça um apelo à Alemanha.

Os primórdios da *Aktion*

A 15 de julho de 1942, chega a Varsóvia, procedente de Lublin, a unidade Reinhard, composta de uma dezena de oficiais e membros das unidades auxiliares, sob o comando do SS-*Sturmbannführer* Hermann Höfle. Essa unidade tem a imcumbência de planejar e executar a *Aktion* no gueto de Varsóvia. Tal missão se desenvolve no âmbito de uma operação cognominada de "Aktion [ou Einsatz] Reinhard"[iii], cujos objetivos são a espoliação e o assassinato dos judeus que se encontram sob a jurisdição do Governo Geral ou que residem no distrito de Bialystok. A liquidação do maior gueto da Europa inscreve-se, assim, no contexto da "solução final da questão judaica", decidida em Wannsee.

Em 19 de julho de 1942, inicia-se a *Übersiedlungsaktion*, operação de deportação maciça dos judeus do gueto: Heinrich Himmler dá ordens a Friedrich Krieger, chefe supremo da SS

---

iii. A operação recebeu esse nome em homenagem a Reinhard Heydrich, chefe do Departamento Central do RSHA, a segurança do Reich, que foi assassinado pela Resistência tcheca.

do Governo Geral, de proceder à "liquidação" da população judaica sob o Governo Geral até 31 de dezembro. Fixou-se a data do início da *Aktion* para 22 de julho de 1942, uma quarta-feira. O gueto tem 368.902 habitantes, entre os quais 211.292 mulheres — isto é, 57,28% da população. Todos devem ser deportados para o campo de extermínio de Treblinka.

Em 17 de julho, os judeus de nacionalidade americana, britânica ou latino-americana são convocados à prisão Pawiak. Eles devem ser trocados por cidadãos alemães que vivem nos países aliados. Essa medida é entendida como prelúdio à deportação do conjunto da população "para o Leste". A jovem cidadã americana Mary Berg não se engana quando escreve em seu diário: "Com toda razão, o gueto vê nessa discriminação um sombrio presságio."[304] A inquietação cresce ainda mais em 19 de julho, depois que Moritz Kohn e Zelig Heller, considerados próximos da Gestapo, confirmam o boato.

Em 20 de julho, Czerniakow interroga diversas vezes seus interlocutores alemães. Heinz Auerswald declara não acreditar nos rumores. Gerhard Mende responde que não sabe de nada. No SD, Johannes Boehm afirma que o assunto não é de sua competência. Rudolf Scherer responde-lhe laconicamente: "Absurdo e *nonsense*."[305] Czerniakow, que parece contentar-se com as respostas, pede ao número dois da polícia judaica, Jakob Lejkin, que tranquilize a população por intermédio dos responsáveis pelos setores. Mas, em 21 de julho, a proporção do terror aumenta quando a Gestapo assassina um médico polonês, o doutor Franciszek Raszeja[iv], quando ele foi cha-

---

iv. Em 11 de abril de 2000, o Yad Vashem, memorial oficial de Israel para relembrar as vítimas judaicas do Holocausto, declarou-o "Justo entre as Nações".

mado para atender um paciente no gueto. No mesmo dia, as autoridades procedem ao fechamento de quatro dos sete portões do gueto. Em seguida, sessenta pessoas são levadas como reféns para a prisão de Pawiak. Entre elas, membros do Judenrat (notadamente o rabino Ekerman, Abraham Gepner, Hurwicz, Grodzienski e Winter), o rabino Sztokhamer, o redator Ekerman, os advogados Zundelewicz e Rozenblum, o engenheiro Sztolcman e o doutor Steinsapir. São ameaçados de fuzilamento caso desobedeçam às autoridades alemãs. Alguns são liberados nas horas seguintes, outros um mês depois, e os demais em setembro.

2
A evacuação do gueto

Às 10 horas da manhã do dia 22 de julho de 1942, uma quarta-feira, uma delegação de cerca de quinze SS vai à sede do Judenrat. Oito deles, entre os quais o SS Hermann Höfle e dois responsáveis pelos assuntos judeus em Varsóvia, Karl George Brandt e Gerhard Mende, convocam para o escritório do presidente os cinco ou seis membros do Conselho que ainda não tinham sido presos, o comandante da polícia judaica, o secretário-geral e Marcel Reich-Ranicki. Este último, encarregado de redigir a ata, escreveu que Höfle abriu a reunião declarando: "Hoje se inicia a transferência da população judaica de Varsóvia. Vocês não ignoram que há aqui um número excessivo de judeus."[306] Em seguida, enquanto o oficial nazista os ameaça de enforcamento em caso de desobediência, Reich-Ranicki ouve distintamente valsas de Johannes Strauss. A música vem dos SS que estacionaram junto do edifício, trazendo um fonógrafo. Höfle exige dos agentes de defesa da ordem judeus, sob a autoridade do Judenrat, que reúnam, antes das 16 horas, seis mil judeus na *Umschlagplatz*, a praça do embarque, onde eles esperarão os trens.

Grandes cartazes brancos cobrem os muros do gueto. Eles não são assinados pelo "Presidente do Conselho de Judeus de Varsóvia, eng. A. Czerniakow", como de costume, mas pelo "Judenrat de Varsóvia". "Ele não queria assumir sozinho a responsabilidade pela condenação à morte que se anunciava nos cartazes"[307], observa sombriamente Reich-Ranicki. Os cartazes informam aos habitantes que todos, sem distinção de idade ou de sexo, serão deportados para o Leste naquele mesmo dia.

Várias categorias ficam isentas, como os que trabalham no Judenrat e suas famílias, os que trabalham nas empresas alemãs, na polícia judaica, nos hospitais, assim como os que fazem o trabalho de desinfecção. Cada pessoa tem o direito de levar quinze quilos de bagagem. Tudo o mais será confiscado. É permitido levar objetos de valor, como joias, ouro e prata. E víveres para três dias.

Esse anúncio cai como uma bomba. "A notícia se espalha com a rapidez de um raio", escreve Hillel Seidman: *Aussiedlung* (evacuação, reassentamento). "Uma palavra que encerra a mais pavorosa das tragédias. Uma palavra que provoca medo e uma angústia mortal."[308]

A última armadilha

O gueto se assemelha ainda mais a uma armadilha. A vigilância em volta de seus muros foi consideravelmente reforçada, anulando qualquer possibilidade de fuga. "Estamos trancados numa jaula", observa Hillel Seidman.

> Trancados a sete ferrolhos. Impossível fugir. Não havia socorro possível. E se, apesar de tudo, alguém conseguisse refugiar-se do outro lado? Conseguiria se esconder? Os judeus que foram para lá voltaram para o gueto. Impossível sobreviver do outro lado, eles são denunciados, chantageados. Estamos, pois, nas mãos dos nazistas. Sozinhos, frente a frente com o mais terrível e o mais bestial dos inimigos. Condenados ao extermínio. Todos![309]

As primeiras vítimas conduzidas para o local de concentração são as mais vulneráveis: refugiados, inválidos, mendigos, velhos e doentes, além dos detentos. Os habitantes imaginam, então, que a *Aktion* tem como único objetivo eliminar os elementos considerados "improdutivos" e que não vai durar mais de uma ou duas semanas. Essa crença é confirmada pelos rumores que os nazistas espalham: "Além disso, quando as deportações começaram", escreve Raul Hilberg,

> não se tinha certeza de que TODOS os judeus seriam deportados, e havia sempre aquela velha atitude de "negociação": talvez sessenta mil, talvez mais, porém certamente não todos. Aquilo não fazia sentido, considerando-se a experiência judaica vivida até ali. A experiência lhes mostrara que eram explorados, mas como poderiam explorar os mortos? Era preciso manter vivos os judeus, e o próprio fato de ser preciso manter a produção parecia-lhes garantia de sobrevivência de certo número deles.[310]

Esse engodo contribui para tranquilizar aqueles que se imaginam excluídos da deportação. Mas há coisa pior: "Os alemães chegaram a dividir a população judaica em duas: de um lado, os condenados à morte; do outro, os que ainda têm esperança de sobreviver. Lentamente, com o passar do tempo, os alemães conseguem jogar as pessoas umas contra as outras, de modo que as primeiras empurrem as últimas para a morte, na esperança de sobreviver."[311]

Mas, desde os primeiros dias da *Aktion*, mesmo aqueles que dispõem de um certificado de trabalho numa fábrica descobrem que não estão a salvo. Com efeito, quando não se atinge o número de "transferidos", os SS arrebanham ao acaso outros habitantes e os conduzem à *Umschlagplatz*. Nem sempre os soldados levam em conta os certificados que, para milhares de homens e mulheres, constituem uma mínima e última esperança de sobrevivência.

O que acontece com os deportados?

Com o passar dos dias, a sorte de tão grande número de pessoas deportadas diariamente desencadeia muitas perguntas. As autoridades nazistas espalham rumores para acalmar os ânimos. Elas fazem crer que a transferência para o Leste tem por objetivo construir uma poderosa linha de defesa que requer milhares de trabalhadores. Com efeito, alguns habitantes recebem cartas nas quais se fala de um trabalho de construção perto de Brest-Litovsk. Hillel Seidman conta seu encontro com um vendedor de carvão chamado Soiko, que lhe mostra a carta de um deportado com o carimbo do correio: "Treblinka, 23 de julho."[312] Essa carta, como tantas outras, foi escrita sob coerção, para enganar os habitantes do gueto. Meses depois, a mulher de Hersz Lepak recebe uma carta do marido contando que, desde 31 de agosto de 1942, ele se encontra em Treblinka, está bem de saúde e trabalha como "carpinteiro numa oficina do campo".[313]

Como a população poderia imaginar que praticamente todos os judeus transportados nos vagões são exterminados em câmaras de gás? Yehoshue Perle fala das dúvidas que atormentam os espíritos:

> Não obstante, os judeus não acreditaram nisso. Como assim? Iriam expulsar 350 mil judeus de Varsóvia? Para enfiá-los onde? E o que seria deles? Hitler seria capaz de tamanho crime? E por que o faria, considerando-se que o gueto trabalha para ele e lhe

rende dezenas de milhões? Eis o que opinavam os judeus, que não podiam imaginar que — tratando-se justamente dos judeus — a imunda besta loira seria capaz de destruir o mundo inteiro.[314]

Gustawa Jarecka, uma escritora judia polonesa que trabalhava como datilógrafa no Judenrat, acrescenta: "Para aqueles que tinham sido criados na ideia de que Deus zelava pelo mundo e que a dignidade e a humanidade terminariam por triunfar nas coisas humanas, era difícil acreditar em coisa tão abominável."[315]

O manto de silêncio que os SS lançam sobre os campos de extermínio contribui muito para dissipar as dúvidas, mesmo as dos soldados da Wehrmacht estacionados em Varsóvia. O capitão Wilm Hosenfeld, responsável por um centro esportivo para os oficiais, escreve em 25 de julho de 1942:

> Admitindo-se que seja verdade o que se comenta na cidade — e as fontes de que disponho são inteiramente confiáveis —, não constitui mais nenhuma honra usar o uniforme de oficial alemão, e ninguém poderia aceitar tal situação. Mas não posso acreditar nisso. Há rumores de que trinta mil judeus vão ser detidos esta semana no gueto e deportados para algum lugar no Leste. Apesar de todo o segredo que cerca essas operações, as pessoas dizem saber o que se passa lá: construíram-se nos arredores de Lublin câmaras que podem ser aquecidas com uma poderosa corrente elétrica, com a técnica usada nos crematórios. Os infelizes são conduzidos a essas câmaras nas quais são queimados vivos, e assim é possível matar milhares por dia, o que poupa o trabalho de fuzilá-los e cavar valas comuns para enterrar os corpos. A guilhotina dos revolucionários franceses fica muito atrás em termos de eficiência, e mesmo nos porões da polícia

secreta da Rússia não se concebeu uma técnica de extermínio tão vertiginosa. Mas, decerto, tudo isso é pura loucura. Não é possível, não é possível... De resto, é de perguntar por que os judeus não se defendem. Mas é verdade que muitos deles — na verdade, a maioria — se encontram tão debilitados pelas privações e pela miséria que não teriam condições de oferecer a menor resistência.[316]

Não obstante, todo mundo se deixa enganar. Os massacres de idosos no cemitério judeu, de doentes, e em especial a extrema brutalidade com que são feitas as detenções e o embarque das mulheres e das crianças nos vagões fazem suspeitar o pior. As que são levadas à *Umschlagplatz* se surpreendem ao ver retornarem, dentro de algumas horas, os vagões vazios, quando se dizia que pessoas tinham sido conduzidas para um lugar distante.

Defendam-se com unhas e dentes

Depois do anúncio da *Aussiedlung*, em 22 de julho, os dirigentes do Bund se reuniram à noite. Marek Edelman e outros quatro membros do partido decidem fazer de tudo para salvar da deportação o maior número possível de pessoas. Eles esperam contar com o apoio de determinadas organizações sociais e da polícia judaica.

No dia seguinte, ao meio-dia, os representantes das diferentes organizações se reúnem, à exceção dos sionistas revisionistas, que não foram convidados. Agora, todos estão cientes da gravidade da situação, mas não há consenso quanto à maneira de se defender. Os membros do Bund e dos movimentos de juventude Hashomer e Hechalutz propõem a resistência armada, mas a maioria se opõe firmemente a isso. O medo das represálias ainda os tolhe, assim como a convicção bem arraigada de que a evacuação só atingirá uma fração do gueto. "O instinto de sobrevivência leva as pessoas a pensar apenas em salvar a própria vida, ainda que à custa da vida de outros", observa Marek Edelman. "Ninguém ainda se convenceu de que a deportação é a morte."[317]

Somente em retrospecto Ysroel Lichtensztajn compreende o que ele chama de "sistema alemão", cujo mote é "Dividir para conquistar". Os nazistas "incitam uma parcela da população judaica a denunciar outra, e em seguida levam uma terceira a denunciar os denunciantes".[318]

Como ressaltou o historiador Georges Bensoussan:

> A serialização desejada pelos alemães teve um papel fundamental. Antes de mais nada, eles se valeram do recurso inconcebível do assassinato em massa. Quem poderia acreditar que todos haveriam de morrer? E, em caso de acreditar, quem pode admitir uma tal perspectiva? Isso explica por que toda tentativa de resistência era vista como um risco de sofrer desgraças ainda maiores.[319]

Além disso, como acreditar que milhares de homens, mulheres e crianças estejam sendo exterminados todos os dias? Levaria muito tempo para que tal verdade fosse admitida por todos. Essa tomada de consciência tardia atormenta muitos judeus, que se perguntam por que não reagiram, por que não resistiram. Sua passividade se explica também pelo fato de terem sido vítimas de uma armadilha, sem real possibilidade de escapar. Porque, fora do gueto, a virulência do antissemitismo da população polonesa é unanimemente reportada pelos testemunhos.

Todos esses elementos explicam quão poucas foram as reações registradas quando das prisões, a despeito dos apelos à resistência. Explicam também o grito lançado no primeiro número do novo periódico *Oyf der Wakh* (Na Semana), publicado em 23 de julho: "Apesar da nossa imensa impotência, não se deixem agarrar, defendam-se com unhas e dentes."[320]

Em 28 de julho de 1942, na sede do Dror, na rua Dzielna, funda-se a Organização Judaica de Combate. Seus membros vêm principalmente dos movimentos de juventude Hashomer Hatzair, Dror e Akiva. Em outubro, o Poalei Sion e os comunistas se juntam a eles; em seguida, afinal, o Bund. Arie Wilner foi indicado para ser o emissário da organização junto à Resistência polonesa.

Nos dias seguintes, a OJC publica, em vão, panfletos conclamando a população para resistir à deportação. Para se defender, a organização dispõe apenas de um revólver. Suas tentativas de conseguir armas da Resistência polonesa não dão em nada. A única contribuição desta última, durante o período da Grande Deportação, foi a doação, em 17 de agosto, de cinco revólveres e oito granadas.

Ainda assim, a OJC organiza uma primeira operação militar em 25 de agosto de 1942: a tentativa (abortada) de assassinar Jozef Szerynski, o chefe da polícia judaica, que fora confiada a Izrael Kanal, membro do grupo Akiva. Na ocasião, distribuem-se nas ruas panfletos nos quais se lê: "Ao cão, morte de cão."

No fim do mês de agosto, membros da OJC que viajam de Varsóvia a Werbkowice são presos e torturados. A Gestapo descobre que eles têm em sua posse documentos destinados ao Ostdeutsche Bautischlerei Werkstätte. Trata-se de uma empresa de marcenaria que, antes da guerra, pertencia à família Landau e na qual trabalham membros da Resistência. Os documentos foram redigidos por Josef Kaplan, que trabalhava num de seus departamentos. Kaplan foi preso em 3 de setembro e executado em 11 de setembro de 1942, depois de ficar detido na prisão Pawiak. Szmuel Breslaw foi preso por soldados alemães que estavam fazendo uma ronda, de carro, na rua Gesia. Quando o revistaram, encontraram em seu bolso um canivete automático. Ele foi assassinado ali mesmo. Pouco depois, a Gestapo confiscou as armas da OJC. A primeira tentativa de resistência da organização foi morta na origem.

O suicídio de Czerniakow

Czerniakow sabe das condições desumanas em que acontecem as detenções e das inúmeras matanças feitas no gueto pelas tropas de reforço lituanas, letãs e ucranianas. A sorte das crianças dos orfanatos o preocupa, e ele pede várias vezes às autoridades alemãs novas categorias de isenção.

Em 23 de julho, de volta a casa ao entardecer, ele é procurado por dois oficiais da SS que desejam falar com ele urgentemente. Durante uma breve conversa por volta das 19 horas, os oficiais ordenam que ele aumente o número de judeus a serem conduzidos ao local do embarque: no dia seguinte, o número de judeus devia ser de dez mil. A partir daí, o número seria de sete mil por dia.

Czerniakow compreende, então, o papel que a SS pretende fazê-lo desempenhar. Ele pede a uma funcionária que lhe traga um copo d'água e se tranca em seu escritório. Pouco depois, é encontrado morto. O doutor Milejkowski constatou o óbito provocado pela ingestão de cianureto. O presidente do Judenrat deixou duas cartas. Na primeira, dirigida a sua mulher, ele escreveu: "Estão exigindo de mim que mate com minhas próprias mãos os filhos de meu povo. Só me resta a morte."³²¹ A segunda, para o Judenrat, informa seus membros das exigências alemãs e as razões de seu suicídio. "Decidi partir. Não considerem isso um ato de covardia ou uma fuga. Estou impotente, meu coração se despedaça de tristeza e de piedade, não posso suportar isso por mais tempo. Meu gesto permitirá a todos discernirem a verdade e talvez os conduza a uma ação mais acertada."³²²

Chaim Kaplan, que não gostava nem um pouco de Czerniakow, escreveu em 26 de julho: "A primeira vítima do decreto de deportação foi o presidente Adam Czerniakow, que se suicidou por envenenamento em seu escritório no Judenrat [...]. Há quem ganhe a imortalidade em uma hora. O presidente Adam Czerniakow a ganhou em um instante."³²³

Outra oração fúnebre, esta de Marcel Reich-Ranicki:

> Ele partiu no silêncio e na simplicidade. Sem condições de lutar contra os alemães, recusava-se a servir-lhes de instrumento. Era um homem de princípios, um intelectual que acreditava em ideais elevados. Desejou manter-se fiel a esses ideais, mesmo num período inumano e em circunstâncias que mal se podiam imaginar. Ele esperava que isso fosse possível, apesar da barbárie alemã. Czerniakow foi com certeza um mártir. Teria sido também um herói? Seja como for, ao decidir dar fim aos seus dias em 23 de julho em seu escritório, ele agiu de acordo com seus ideais. Pode-se exigir mais que isso de um ser humano?³²⁴

De sua parte, Marek Edelman acha que Czerniakow deveria ter usado sua autoridade moral para informar a população sobre a política de extermínio. E, mais ainda, que deveria ter dissolvido todas as instituições, em particular a polícia judaica, que dependia oficialmente do Judenrat. Convocados naquela noite, os membros do Conselho elegem como novo presidente o engenheiro Marek Lichtenbaum, suplente de Czerniakow. Dois vice-presidentes são eleitos: o engenheiro Abraham Sztolcman, secretário da Associação Central dos Comerciantes Judeus da Polônia, e Gustaw Wielikowski, renomado advogado varsoviano, presidente da Ajuda Mútua Judaica.

As primeiras informações sobre Treblinka

Só a partir de agosto de 1942 começam a vazar as primeiras informações sobre Treblinka e o extermínio dos judeus. Em 11 de agosto, Abraham Lewin escreve: "Se são deportados para Treblinka, vão ao encontro da morte."[325] O Bund encarrega Zygmunt Frydrych de informar-se sobre o destino real dos comboios. Ele entra em contato com um ferroviário da estação de Gdansk, que trabalha na linha Varsóvia-Malkinia. O homem o informa de que os trens de carga, cheios de pessoas procedentes de Varsóvia, fazem um desvio para a floresta e logo voltam vazios. "Nenhum carregamento de alimentos passa por lá, e a estação de Treblinka nega acesso à população civil. Prova concreta de que as pessoas conduzidas para lá são executadas."[326] No dia seguinte, no mercado de Sokolow, Zygmunt Frydrych encontra dois foragidos de Treblinka que lhe dão informações mais precisas. Em seguida, ele faz um relatório para os seus companheiros do Bund.

Um número do jornal do partido, *Oyf der Wakh*, que dá uma descrição de Treblinka, insurge-se contra aqueles que ainda se recusam a encarar a realidade. "Mas os judeus se obstinam em não acreditar nisso. Eles fecham os olhos, tapam os ouvidos e se defendem 'com unhas e dentes' contra a terrível verdade."[327] Em 2 de setembro, Hillel Seidman também se encontra com um fugitivo de Treblinka, Jakub Rabinowicz, que, em seguida, vai ao encontro dos membros do Oyneg Shabes. Esse grupo, dirigido por Emanuel Ringelblum, entra em contato direto com vários outros fugitivos do campo da morte, como David Nowodworski, um dirigente do Hashomer, e Abraham Jacob Krzepicki, que foi deportado em 25 de agosto e fugiu em 13 de setembro, escondendo-se num vagão cheio de roupas que partia do campo.

Os habitantes do gueto são, cada vez mais, inteirados dos fatos pelo testemunho fidedigno de foragidos. É o caso de Halina Birenbaum, que ouve a verdade da boca de David Kaplan: "Nós o ouvíamos, paralisados de medo, sem poder acreditar. Só então começamos a compreender o que se escondia por trás de palavras como 'deportação', 'campo', *ischlag*, 'vagões'. Palavras de alguém de nossa confiança que estivera em Treblinka, de que tanto se falava e de onde havia retornado. Ele nos confirmava os rumores, as fofocas e os temores mais insanos."[328]

Befehlstelle ou a máquina de extermínio

Sob a direção de Höfle, o Vernichtungskommando, isto é, comando de extermínio, composto de doze membros da SS, instala seu posto (Befehlstelle) na rua Niska, número 14, e na rua Zelazna, número 103. Hillel Seidman descreve o local como uma "máquina de extermínio [que] funciona dentro dos padrões da técnica moderna".[329]

Dois membros da Gestapo têm um papel importante na *Aktion*: Gerhard Mende e Karl George Brandt. Este último, satisfeito com o bom andamento das operações, declara: "*Die Organisation klappt* (A organização funciona)."[330] Nos edifícios da Befehlstelle, encontra-se um mapa do gueto preciso e em grande escala. Todos os dias, são indicados nele as ruas e os blocos que serão objeto, segundo a terminologia alemã, de um cerco (*Einkesselung*) e limpeza (*Reinigung*). "Tudo segundo os princípios da estratégia militar, aplicados a mulheres e crianças, a idosos e doentes, a uma massa indefesa que está a sua mercê. Usam-se até expressões técnicas militares: *Blockade* (bloqueio), métodos e estratégias contra inocentes indefesos e vítimas aterrorizadas, esgotadas por dois anos de fome."[331]

Nesse lugar onde, diariamente, se organiza o extermínio da quase totalidade da comunidade judaica de Varsóvia, os SS do Vernichtungskommando permitem-se momentos de descontração. Edward Reicher, escondido num sótão, observa um baile na Befehlstelle, no qual eles festejam e se divertem.

O papel da polícia judaica

Nos primeiros tempos, os SS supervisionam a *Aktion* e confiam a maior parte do trabalho aos dois mil membros da polícia judaica. Seu chefe é o coronel Szerynski, cuja capacidade de organização é apreciada pelas autoridades alemãs. Ele estivera preso desde 1º de maio de 1942 devido a um caso de contrabando de peliças espoliadas em dezembro de 1941. Libertado, é encarregado de reunir, com o auxílio dos capitães Lejkin e Ehrlich, os moradores de determinado edifício e enviá-los à *Umschlagplatz*. Os policiais alemães e os reforços do Exército (compostos de ucranianos e lituanos) são mobilizados para impedir qualquer evasão da área delimitada pela Befehlstelle. A operação deve ser realizada da forma mais rápida e eficiente possível. A polícia judaica penetra nos pátios, sobe a todos os andares dos edifícios e ordena aos habitantes que se reúnam diante da entrada: "Todos os judeus devem descer com quinze quilos de bagagem. Quem não se apresentar será fuzilado."[332]

Essa ordem causa uma reação de pânico, como conta Chaim Kaplan:

> Para onde ir? O que devemos levar? O que devemos deixar? Mãos trêmulas, as pessoas começam a fazer pacotes às pressas, assustadas, mal se aguentando nas pernas, levando o que ainda lhes resta, porque já não têm lar. Centenas de mulheres e de crianças fazem tremer o céu com seus prantos. Veem-se doentes sendo carregados em suas camas, bebês em seus berços, velhos seminus e descalços.[333]

Alguns conseguem que os policiais os liberem mediante pagamento de uma soma em dinheiro ou em joias. Quando os habitantes estão reunidos, e antes de serem escoltados até a *Umschlagplatz*, os ucranianos, acompanhados dos policiais, sobem as escadas vazias e penetram nos domicílios, cujas portas devem ser deixadas abertas, de acordo com as ordens recebidas. Os locais eram vasculhados de ponta a ponta para desalojar quem quer que tivesse conseguido esconder-se. "Dois ou três disparos indicam o fim de quem não atendeu ao chamado. O bloqueio se completou."[334] Os policiais e os soldados aproveitam a oportunidade para pilhar os bens abandonados.

As autoridades inventaram um sistema maquiavélico que força os policiais judeus a participar ativamente: todos devem fornecer uma cota de cinco pessoas por dia. Quem não consegue atingir esse número é deportado com sua família. Com isso, alguns deles adotam um comportamento tão cruel quanto diligente. Eles vão de um imóvel a outro forçando as portas e vasculhando cada canto para tirar as pessoas de seus esconderijos e encaminhá-las para a *Umschlagplatz*. Bernard Goldstein conta que alguns chegam até a entregar os pais para salvar a própria vida: "Sim, dezenas de vezes se viu um policial judeu levar sua velha mãe ao matadouro, alegando, como desculpa, que de todo modo ela terminaria sendo morta."[335]

A violência que esses policiais exercem e sua absoluta falta de piedade para com seu próprio povo chocam as testemunhas das detenções em massa. Ringelblum descreve uma cena dantesca em que um policial judeu arrasta uma senhora até a *Umschlagplatz*, usando um machado para arrebentar as portas dos apartamentos. Segundo Halina Birenbaum, os policiais agem "como uma horda de animais selvagens excitados pelo cheiro de sangue".[336] Wladyslaw Szpilman também lamenta tal desumanidade: "Nem as lágrimas, nem as súplicas, nem mesmo os gritos das crianças aterrorizadas os sensibilizavam."[337] De sua parte, o escritor Yehoshue Perle descreve cenas de horror:

> Eles se puseram a atacar com cassetetes ou simplesmente com porretes os infelizes que tinham se refugiado em "pontos". Eles arrancavam as crianças dos braços das mães, os maridos às esposas, os pais aos filhos. Enquanto isso, os gritos, os berros, as lamentações se elevavam ao mais alto do céu, mas a nossa polícia judaica — que seu nome e sua lembrança sejam apagados de nossa memória! — tinha uma pedra no lugar do coração. Ela não parava de desferir golpes e de espancar até a morte, agarrando as pessoas, empilhando-as em carroças e levando-as para a sinistra *Umschlagplatz*. Carroças semelhantes às que se usam para levar os condenados ao cadafalso.[338]

A maioria dos membros da polícia aproveita-se das detenções em massa para enriquecer. Além de saquearem os apartamentos abandonados, eles trocam por dinheiro os deportados que excedem sua cota, como conta Halina Birenbaum, que, de seu esconderijo, ouve suas conversas.

Em 12 de outubro de 1942, algumas semanas depois da *Aktion*, Hillel Seidman tenta encontrar uma explicação para sua atitude:

> Os maus se tornaram ainda piores, os corruptos ficaram ainda mais corruptos, e os que estavam num plano ético superior alçaram-se a um nível ainda mais elevado! [...] Mas, com a intensificação das deportações, a selvageria de alguns policiais não conhecia limites. Eles se tornaram baixos, extraordinariamente baixos. [...] Se nos perguntarmos: "Como foi possível uma degradação moral tão atroz?", já temos a resposta. Foram os nazistas que nos reduziram a esse extremo. É resultado de condições excepcionais: elas levaram os indivíduos já moralmente fracos a se rebaixar ainda mais.[339]

No entanto, houve policiais que tentaram resistir. Por terem se recusado a participar das detenções em massa, entre vinte e trinta deles foram deportados ou executados. Outros ajudaram as pessoas a fugir ou a esconder-se. Segundo a Resistência judaica, um policial chamado Kaplanski foi morto por um SS em 15 de novembro de 1942 por ter facilitado a fuga de setenta pessoas da *Umschlagplatz*. Lewin registra em seu diário, em 29 de julho, que oito policiais judeus se suicidaram.

Doces para os famintos

Uma semana depois do início da Grande Deportação, as autoridades nazistas têm cada vez mais dificuldades de conduzir a cota diária à *Umschlagplatz*. Elas mandam afixar cartazes nos muros do gueto informando que todos os que se apresentarem voluntariamente em 29, 30 e 31 de julho de 1942 na *Umschlagplatz* receberão do Judenrat três quilos de pão e um quilo de doces.

Depois do reforço da vigilância dos muros e dos portões do gueto, o contrabando de alimentos caiu, com o consequente aumento dos preços e da fome. Isso explicaria o comparecimento, sem resistência, de trinta mil judeus famintos, apáticos, mergulhados num estado de extrema desmoralização, à *Umschlagplatz*. "Três quilos de pão, um quilo de doces, um verdadeiro tesouro! [...] Então, sem poder aguentar por mais tempo, um grande número de judeus à beira da exaustão física e espiritual saiu de seus esconderijos."[340] Em seu testemunho, Marcel Reich-Ranicki lembra os longos cortejos nas ruas do gueto de pessoas que andam "sem que ninguém as vigie nem as obrigue a avançar".[341]

Essa oferta de alimentos por parte dos alemães é mais um argumento para os otimistas, que dizem: "Por que eles nos dariam pão se quisessem nos massacrar?"[342]

As crianças do orfanato do doutor Korczak

A condução de duzentas crianças do orfanato de Janusz Korczak para a *Umschlagplatz* em 5 de agosto de 1942 é certamente o acontecimento mais revoltante da *Übersiedlungsaktion* do verão de 1942. Um SS oferece ao médico a oportunidade de permanecer no gueto: "Se existe um judeu que merece sobreviver no gueto, é você. Pode ficar em sua casa."[343] Mas Korczak se recusa a separar-se de suas crianças e abandoná--las nessa última viagem. Em 27 de julho, ele escreve em seu diário: "Escolha: ou você foge, ou trabalha aqui. Se ficar, deve fazer tudo o que for necessário para essas pessoas deslocadas. Aproxima-se o outono. Elas precisarão de roupas, calçados, roupas de baixo, utensílios diversos."[344]

Szpilman conta como Korczak busca amenizar o sofrimento das crianças: "Ele lhes explicou que se tratava de uma excursão ao campo, que elas iriam enfim sair dos muros sufocantes e descobrir campinas floridas, regatos onde poderiam se banhar, bosques cheios de groselhas e cogumelos. Ele lhes recomendou que vestissem suas roupas mais bonitas, e foi assim que os vi surgirem diante de meus olhos, dois a dois, bem-vestidos e de coração alegre."[345] Trajando o uniforme de oficial polonês, apoiado em sua bengala, Korczak encabeça a coluna de crianças em companhia de um jovem violinista. O cortejo avança para a *Umschlagplatz* cantando em coro, e o médico tranquiliza as crianças ao longo de todo o caminho.

O horror da *Umschlagplatz*

A praça, com oitenta metros de comprimento e trinta de largura, situa-se na extremidade do gueto, junto à estação de Gdansk e próxima às ruas Stawki, Niska e Zamenhof. Ela faz limite, na rua Stawki, com o edifício do antigo hospital judeu. Os que serão deportados chegam à praça rodeada de muros por uma estreita passagem vigiada por policiais alemães. Uma multidão permanente, às vezes de até dez mil pessoas (quatro pessoas por metro quadrado), amontoa-se, exposta durante o dia a um sol escaldante. Assim permanecem durante horas, até dias, antes de serem embarcadas nos vagões. Marek Edelman, que foi indicado para a função de paramédico, descreve a atmosfera de pesadelo, o clima de terror e o odor pestilencial:

A vaga humana aumenta até ocupar toda a praça. [...] O número de pessoas excede o que é necessário para o embarque nos quatro dias seguintes. As pessoas estão "de reserva". Esperam quatro ou cinco dias para subir nos vagões. Ocupam o mínimo espaço livre, amontoam-se nos edifícios que cercam a *Umschlagplatz*, acampam nas salas vazias, nos corredores e nas escadas. Uma lama imunda e pegajosa cobre o solo. Não há água nas torneiras. Os banheiros não funcionam. A cada passo, o pé afunda em excrementos humanos. O cheiro de suor e de urina dá náusea. As noites são frias, as janelas já não têm vidraças. Há quem tenha apenas uma camisola ou um roupão para se agasalhar.

No segundo dia, as cãibras dolorosas da fome torturam o estômago. Os lábios secos racham por falta de água. A época dos três pedaços de pão há muito ficou para trás. Suando de febre, prostradas, crianças jazem inertes nos braços das mães. Os adultos definham, ficam com a pele enrugada e acinzentada.

Todos os olhos têm a mesma expressão. O medo alucinado e selvagem, o desespero insondável e impotente, a revelação súbita de que, fatalmente, logo sobrevirá o pior, o inconcebível, aquilo em que, até o dia de ontem, as pessoas se recusavam a acreditar. É somente ali, naquele ajuntamento caótico, que se desfaz a última esperança de cada um em salvar a própria vida e proteger os seus. O pesadelo pressiona os pulmões, aperta a garganta, faz os olhos saltarem das órbitas e a boca abrir-se num grito mudo. Um velho agarra-se freneticamente a desconhecidos implorando-lhes ajuda. Uma mulher aperta contra si três crianças, num sofrimento desesperado. Deseja-se gritar, pedir, suplicar — mas a quem se dirigir? As pessoas estão sós, totalmente sós entre milhares, tendo dez, ou antes, cem, mil fuzis apontados para seu coração."[346]

O clima de medo é alimentado pelos SS e pelos soldados ucranianos, lituanos e letões, que vão à noite ao edifício "para saquear um pouco. Eles eram obrigados a tapar o nariz, mas isso não os impedia de tomar dos miseráveis relógios, anéis, outros bens e dinheiro, nem de escolher as mais belas jovens para 'divertir-se' com elas".[347] O momento mais temido, o do embarque nos vagões, gera cenas de pânico.

> Os ucranianos formam uma corrente em torno da praça e empurram a enorme multidão para dentro dos vagões. Ouvem-se disparos. Todos eles atingem o alvo. À queima-roupa, essa massa compacta, da qual cada mínima parcela é um ser vivo, é alvo fácil. Os tiros exacerbam o caos nos vagões para gado. [...] Enfia-se uma mãe num vagão superlotado, a criança não cabe, arrancam-na dos braços da mulher, que urra de dor, e a enfiam no vagão seguinte. Não gostou? Ouve-se um disparo. A custo, as portas se fecham, com o excedente sendo posto para dentro a pauladas. Por fim, o trem parte. As câmaras de gás novamente vão receber sua ração.[348]

Wladyslaw Szpilman, que se viu na *Umschlagplatz* com sua família, ouviu e reproduziu o comentário de um dentista judeu que lamentava amargamente a apatia dos judeus: "É uma vergonha para todos nós! Nós nos deixamos levar para o matadouro como carneiros! Se nós, que somos meio milhão, atacássemos os alemães, poderíamos nos libertar do gueto ou, em todo caso, morrer dignamente em vez de deixar uma página tão vergonhosa na história."[349] Há muitos relatos de casos de resistência, principalmente no momento de subir no vagão. O rabino Kanal se deixou ser morto depois de se recusar a embarcar, para poder ser enterrado num cemitério judeu. Boruch Pelc, filho de um editor do Bund, também foi morto por ter incitado as pessoas a resistir e não entrar no trem.

Como escapar da *Umschlagplatz*

Alguns judeus conseguem escapar *in extremis* da *Umschlagplatz*, mas, segundo Marek Edelman, trata-se "de gotas d'água no oceano da multidão inumerável que espera um socorro".[350] O cinismo das autoridades nazistas as levou a permitir a instalação de um pequeno dispensário para atendimentos de urgência. Os médicos e as enfermeiras que lá trabalham conseguem facilitar a fuga de algumas pessoas, dando-lhes uma blusa branca. Foi o que fez o doutor Rundstein para seu confrade Edward Reicher, mandando também ataduras para sua mulher e sua filha. Com isso, eles foram isolados e salvos. Nakhum Remba ficou célebre por evacuar um número considerável de pessoas em sua ambulância: "Digno e destemido, ele enfrentava os carrascos alemães e exigia deles que liberassem os doentes graves sem condições de suportar o 'penoso trajeto para o Leste.'"[351]

Numa sala de atendimento médico, o pessoal do corpo médico produz fraturas nas pernas de seus próximos para poder repatriá-los. Esse estratagema só pode ser usado nos primeiros tempos, quando os nazistas ainda fingem que os judeus são "transferidos para o Leste" a fim de trabalhar. Alguns médicos e enfermeiras da enfermaria da *Umschlagplatz* salvam crianças fazendo-as se passarem por seus filhos. Ala Golomb-Grinberg, vestida de irmã de caridade, transporta sob seu amplo avental de enfermeira crianças doentes, depois de lhes dar um sonífero para que não se traiam chorando.

Ainda que de forma esporádica, as hospitalizações são autorizadas. Por isso, às vezes pessoas em bom estado de saúde são levadas de ambulância para o hospital. Quando os alemães resolvem controlar os passageiros das ambulâncias, os médicos provocam nas pessoas idosas fraturas sem anestesia num pequeno anexo atrás do dispensário, para salvá-las. Alguns oficiais da polícia judaica, como Lejkin e Szmerling, às vezes facilitam a saída de algumas pessoas mediante o pagamento de somas colossais em espécie, joias ou ouro.

"Alguns tentam desesperadamente salvar-se ao agarrar as blusas das enfermeiras, implorando um avental branco, batendo às portas do hospital guardadas por um policial judeu"[352], revela Marek Edelman. Adolf Berman conta o caso de um jovem violinista que pediu a um SS que o deixasse sair da *Umschlagplatz* com sua mãe, tocando violino para obter sua clemência. "Amante da música, o SS, depois de se extasiar com a melodia, parabenizou o jovem artista por sua arte e seu conhecimento dos mestres alemães, deu-lhe um pontapé e enfiou-o no vagão."[353]

O terror permanente

No início de outubro de 1942, a incapacidade da polícia de levar para a *Umschlagplatz* as cotas de pessoas a serem deportadas fez com que as autoridades nazistas assumissem o comando das operações. Os certificados, que até então isentavam da deportação, passaram a ser ignorados. As fábricas se tornaram armadilhas nas quais se faziam detenções em massa imprevistas.

Quando as sedes do Judenrat foram transferidas do número 26 da rua Grzybowska para o número 19 da rua Zamenhof, os alemães aproveitaram a ocasião para reduzir drasticamente a quantidade de empregados, que cai de 9.030 para 2.527. Em 9 de agosto de 1942, os membros do Judenrat foram deportados com suas famílias. Os SS e os membros das unidades das polícias auxiliares lituanas e ucranianas agora participam mais das detenções em massa e instauram um clima de terror e violência: "Os alemães e seus auxiliares ucranianos, letões e lituanos separavam imediatamente as mães de seus bebês e os matavam na frente delas, batendo-lhes a cabeça contra a parede de uma casa ou abrindo-lhes as pernas brutalmente até lhes rasgar o corpo"[354], testemunha Berman. Segundo Wladyslaw Szpilman, o sadismo das unidades de polícia auxiliares lituanas e ucranianas não tem limites:

> Aliás, eles gostavam de matar. Por esporte ou para simplificar a tarefa, para praticar o tiro ou simplesmente por prazer. Matavam as crianças diante dos pais para apreciar o espetáculo das mulheres enlouquecidas de dor. Atiravam na barriga dos passantes para contemplar sua agonia atroz. Chegavam a ponto de pôr suas vítimas em fila, tomar uma boa distância e jogar nelas granadas de mão, para ver quem do grupo tinha melhor pontaria.[355]

As fontes alemãs usadas pelo Oyneg Shabes dão um total de 498 judeus abatidos nas ruas ou na *Umschlagplatz* entre 22 e 31 de julho de 1942. Em agosto, registram-se 2.445 execuções, 155 suicídios e 2.037 mortes de "causa natural". Excetuando-se uns raros privilegiados, todo mundo busca um meio de escapar às detenções em massa. Agora, não há dúvida quanto às intenções dos nazistas. "Ao final, todos serão deportados", afirma Chaim Kaplan, em 2 de agosto de 1942. Muitos sobreviventes falam de dias inteiros passados em abrigos improvisados, sob calor e terror, na esperança de que a *Übersiedlungsaktion* seja desativada.

O "caldeirão"

As deportações continuaram até o início de setembro de 1942. Houve apenas uma interrupção, entre 19 e 22 de agosto, quando o Vernichtungskommando de Varsóvia procedeu à liquidação dos sete mil judeus de Otwock (19 de agosto)[i], dos cinco mil de Falenica (20 de agosto) e dos cinco mil de Minsk Mazowiecki (21 e 22 de agosto). Do fim de agosto ao início de setembro, às vésperas do encerramento definitivo da *Übersiedlungsaktion*, o ritmo das detenções em massa diminui. "Alguns achavam que o pior já tinha passado."[356] Na verdade, os nazistas preparavam a operação Einkesselung (cerco), chamada em polonês de *kociol* e em iídiche de *kesl* (caldeirão).

Em 6 de setembro de 1942, as autoridades nazistas ordenam a todos os judeus presentes no gueto que se dirijam a um quadrilátero limitado pelas ruas Gesia, Zamenhof, Lubecki e Stawki, sob o pretexto de controle de identidade. No local, os alemães fazem uma seleção rigorosa, a fim de manter apenas as pessoas consideradas *wirtschaftlich notwendig*, economicamente úteis. Os trabalhadores de cada fábrica desfilam diante dos oficiais da SS, e estes vão separando os que devem morrer dos que vão receber o precioso "ticket", também chamado "número

---

i. Em Otwock, as 250 crianças judaicas encontravam-se em orfanatos dirigidos pela Centos.

de trabalho" ou "número de vida". Esse papel amarelo deve ser pregado no peito por seus felizes titulares. Cerca de 35 mil pessoas conseguem essa garantia de sobrevivência, como conta Marek Edelman:

> O ticket é a vida. As chances de obtê-lo são escassas, e isso basta para obscurecer completamente a razão, para que toda a atenção se concentre numa coisa, para que tudo mais perca a importância. Uns o reclamam a plenos pulmões, manifestam ruidosamente seu direito de viver; outros, banhados em lágrimas, esperam, resignados, o veredicto. Esta última seleção se dá sob tensão extrema. Ao cabo de dois dias, em que cada hora parece durar um ano, os eleitos são escoltados até seu lugar de trabalho, onde ficarão confinados. Os alemães conduzem os demais à *Umschlagplatz*.[357]

Os que não obtiveram o ticket sabem o que os espera. Marcel Reich-Ranicki encontrou músicos da orquestra sinfônica que levavam consigo seus instrumentos: "Quando eu lhes perguntava por que os levavam, todos davam a mesma resposta, quase com as mesmas palavras: 'Os alemães amam música. Se eu tocar alguma coisa para eles, talvez escape do gás.' Mas nenhum dos músicos enviados para Treblinka voltou."[358]

Aconteciam cenas pungentes. As crianças eram separadas dos pais, as mulheres, dos maridos. Alguns se recusam a ir para a fábrica e preferem partir para a *Umschlagplatz* com sua família. Outros tentam salvar seus bebês drogando-os e escondendo-os em suas mochilas, o que leva os soldados a trespassá-las a golpes de baioneta. Alguns médicos são autorizados a acompanhar seus pacientes à *Umschlagplatz*. Conscientes do destino daqueles que partem para Treblinka, decidem praticar a eutanásia nos doentes e em seus próximos. Esse episódio, relatado por Marek Edelman, é provavelmente um dos mais trágicos do gueto:

> Retirados do hospital, os doentes, adultos e crianças, jazem abandonados em salas muito frias. Eles urinam, evacuam e ficam sobre suas excreções malcheirosas. Com um brilho de loucura no olhar, as enfermeiras procuram seus parentes na multidão e lhes injetam a boa morfina, que causa a morte. A mão caridosa de uma médica derrama nos lábios febris de crianças doentes, que ela não conhece, água com cianureto. Só podemos saudá-la: ela dá seu cianureto. O cianureto agora é o tesouro mais precioso, o mais inestimável. É a bela morte, aquela que poupa o horror do delírio.[359]

Quando desse episódio, milhares de indivíduos conseguem romper o cerco da SS. Outros não se apresentam. Vivem na clandestinidade, em condições precárias, e são chamados de *Wilde* (selvagens)[ii] pelos alemães.

Ao cabo de seis dias do "caldeirão", de 6 a 12 de setembro, cerca de sessenta mil pessoas são deportadas para Treblinka. A essas vítimas se somam 2.648 execuções, sessenta suicídios e 339 mortes "de causas naturais".

Yom Kippur 1942

A *Übersiedlungsaktion* se encerra em 21 de setembro de 1942, no dia do Kippur, com a deportação de 2.196 judeus. Nesse mesmo dia, à guisa de recompensa por sua colaboração, a

---

ii. Em novembro de 1942, os alemães prometeram imunidade aos ilegais que se apresentassem para o recenseamento.

maioria dos membros da polícia judaica, assim como suas famílias, é amontoada nos vagões da *Umschlagplatz*, ao contrário do que lhes havia sido prometido: "Eles não esperavam aquele infortúnio", observa Jonas Turkow. "Era a recompensa pelos bons e leais serviços que haviam prestado aos alemães."³⁶⁰ Os efetivos da polícia caem de dois mil para 380.

Teria sido por acaso que a *Übersiedlungsaktion* começou no dia de Tishá BeAv, o da destruição do templo de Jerusalém, e se encerrou no Yom Kippur? Lewin escreve naquele dia em seu diário: "Em nosso pátio, judeus oram, confiando seus temores ao Criador."³⁶¹ Hillel Seidman assiste a um ofício improvisado, celebrado por Gershon Sirota:

> Durante o ofício, os fiéis tinham o rosto banhado de lágrimas. Nós estávamos ali, apinhados numa peça de dimensões reduzidas, e a voz de Sirota era só doçura no momento em que cantava *"Ou-male mechalotenou bemida tova yechoua ourahamim* (E ele atende aos nossos rogos, concedendo-nos, generosamente, seu auxílio e sua compaixão)". A palavra *rahamim* (compaixão) ali soava como os soluços de uma criancinha e como uma súplica. Nesse *ourahamim*, percebem-se os sofrimentos dos judeus torturados e assassinados.³⁶²

Segundo as estatísticas alemãs, 253.741 judeus foram presos e deportados ao cabo dos 41 dias da *Übersiedlungsaktion*. O número real é provavelmente mais elevado e pode ter chegado a trezentos mil, visto que muitos judeus das cidades do interior se refugiaram em Varsóvia; 11.580 pessoas foram enviadas para campos de trânsito (*Durchgangslager* ou *Dulag*), ao passo que 10.380 foram mortas ou morreram durante a deportação.

Oficialmente, permanecem no gueto apenas 35 mil pessoas, ou seja, 10% da população. Oficiosamente, calcula-se que cerca de 25 mil, aquelas que são chamadas de "selvagens", não foram contabilizadas. Elas não receberam o ticket e se escondem dentro da área do gueto.

Num segundo momento, as autoridades alemãs decidem recenseá-las. Em 28 de outubro de 1942, Friedrich Krieger, chefe supremo da SS, declara que os "clandestinos" que não se registrarem nas zonas de Varsóvia e de Lublin até o dia 30 de novembro de 1942 serão executados. Stanislaw Tomkiewicz é um deles:

> Aqueles que não trabalhavam lá deixaram de possuir existência legal e eram chamados de "selvagens"; eles não tinham bônus de alimentação nem a sopa que era servida durante o trabalho. Bem, esse era meu caso: eu morava na casa de meus pais, dormíamos os três no mesmo quarto, e eles partilhavam comigo o que recebiam graças aos tickets e ao que compravam no mercado negro. Eu não contribuía nem com dinheiro, nem com alimentação; eu era, pois, um "selvagem", um "parasita", e, teoricamente, todos os "parasitas" tinham ido para os campos, no Leste. Era a ideologia nazista: quem não trabalha tem de morrer.[363]

O campo de trabalho

"A desumanidade que todos testemunhamos e sofremos teria nos desumanizado? Seja como for, endurecemos. Vimos os nossos sendo empurrados para dentro dos trens com destino a Treblinka, mas fôramos poupados. Não podíamos confiar nessa salvação: temíamos, ou melhor, estávamos convencidos de que aquilo não passava de um breve *sursis*."³⁶⁴

Em fins de setembro de 1942, o gueto, que os alemães passam a chamar de *Restgetto*, transforma-se num gigantesco campo de trabalho cuja gestão está a cargo do SD. O Judenrat tem um poder limitadíssimo, e a polícia judaica vê seu efetivo reduzido.

Agora, o gueto se compõe de quatro enclaves isolados, rodeados de muros construídos às pressas: o pequeno gueto situa-se na rua Prosta, onde estão instaladas algumas fábricas de Többens; o setor das "escovas"[iii], delimitado pelas ruas Swietojerska, Walowa, Franciszkanska, Bonifraterska, estendendo-se até a Swietojerska; o gueto central, circunscrito pelas ruas Gesia, Franciszkanska, Bonifraterska, Muranowska, Porna, Stawki, a praça Parysowski e a rua Smocza até a Gesia; o setor das "lojas", delimitado pelas ruas Leszno, Karmelicka, Nowolipki, Smocza, Nowolipe e Zelazna até a Leszno.

Os enclaves são separados por espaços desabitados, teoricamente proibidos a todos os judeus, e que Marek Edelman descreve como "terrenos vagos desertos, assombrados pelo bater das janelas abertas no silêncio mortal da rua e pelo leve odor dos cadáveres a céu aberto".³⁶⁵

Os industriais alemães auferem grandes lucros mediante o pagamento aos SS, a partir de 13 de outubro, de uma soma por empreitada. A mão de obra dos judeus é gratuita e está inteiramente disponível: "Os alemães exploram ao máximo as vidas que lhes são oferecidas. Os judeus trabalham doze

---

iii. Uma grande fábrica de escovas, pertencente ao industrial alemão Schultz, ocupava o conjunto de casas entre as ruas Nowolipki e Novolipie, limitado pela rua Karmelicka.

horas por dia, às vezes mais, sem interrupção. As condições de trabalho e de alimentação são catastróficas. Se, no primeiro período do gueto, o flagelo foi o tifo, agora é a tuberculose."³⁶⁶

Os trabalhadores não têm nem um dia de repouso, salvo, por vezes, a tarde de domingo. Ficam confinados nas barracas de campanha durante a noite e não têm permissão para ir aos outros enclaves. Ninguém se queixa das condições de trabalho. O essencial é ser economicamente útil, como é o caso da esposa de Marcel Reich-Ranicki, que faz trabalhos de desenho: "Ela não recebia salário, mas isso não importava, porque se tratava, antes de tudo, de ter um lugar de trabalho: lá havia maior segurança que na própria casa, e, principalmente, que na rua."³⁶⁷

A mão de obra, majoritariamente masculina, quase não conta mais com pessoas abaixo de dez anos ou acima de sessenta, dizimadas que foram pelas grandes deportações do verão de 1942.[iv] A média de idade da população oficialmente recenseada fica entre vinte e trinta anos. Abraham Lewin, cuja esposa foi deportada, escreve em 29 de dezembro de 1942:

> Em geral, reconhecem-se nelas os rostos rudes e as silhuetas comuns do povo. Já não se veem mais membros da classe média, da *intelligentsia*, gente mais instruída. Pouquíssimos judeus burgueses e eruditos de Varsóvia sobreviveram. Os professores, por exemplo, foram quase todos eliminados. Sou o único remanescente de minha escola. Não sobreviveram nem os professores, nem a diretora, nem aqueles que até pouco tempo lecionavam.³⁶⁸

---

iv. Segundo as estatísticas do Oyneg Shabes de novembro de 1942, a faixa etária de um a nove anos representa apenas 1,3% da população masculina e 1,6% da população feminina do gueto. Apenas 12,1% dos homens e 7,3% das mulheres têm mais de cinquenta anos.

QUARTA PARTE

O LEVANTE DO GUETO DE VARSÓVIA

"Os judeus estavam sozinhos, como sempre. Os judeus estão sempre sós, desesperadamente sós em sua fortaleza sitiada."

1
Prelúdio à insurreição

Ao final da *Übersiedlungsaktion*, os sobreviventes já sabiam o destino que aguardava os que partiam para Treblinka. Em 27 de setembro de 1942, Abraham Lewin anota em seu diário o depoimento de um fugitivo: "Com que eles matam? Com simples vapores. A morte sobrevém ao fim de sete ou oito minutos. Logo à chegada, retiram-se os sapatos dos infelizes. Proclamação no local: 'Emigrantes de Varsóvia...'"[369]

Apesar do fim da *Aktion*, a população do *Restgetto* — o gueto cuja área foi reduzida depois da *Aktion* do verão de 1942 — continua a viver com medo. Os assassinatos não param: 360 em outubro (doze por dia), 121 em novembro e 65 em dezembro. Durante o outono de 1942, a vitória do Terceiro Reich sobre as forças aliadas já não parece tão certa: a Wehrmacht sofre seus primeiros reveses na África do Norte, quando do desembarque anglo-americano; no Egito, diante da ofensiva inglesa; e na Rússia, na Batalha de Stalingrado. Todavia, os judeus do *Restgetto* continuam considerando-se em *sursis*. Janina Bauman expressa esse sentimento geral em seu testemunho:

> Temíamos que a *Aktion* recomeçasse a qualquer momento e agora sabíamos claramente que a deportação era sinônimo de morte nas câmaras de gás. No vasto mundo, a guerra atingia seu ponto culminante. A Batalha de Stalingrado, que se travava desde o

segundo mês do verão, tornava a vitória dos nazistas ainda mais improvável. Para nós, porém, em nossa cidade, em nossa rua, os alemães continuavam sendo os mesmos senhores invencíveis.[370]

As ruas do gueto, outrora cheias de gente, agora estão desertas: "O silêncio reinava, um silêncio tenso, ensurdecedor: a calma que precede a tempestade"[371], conta Marcel Reich--Ranicki.

O que é preciso fazer?

Com efeito, o torno aperta um pouco mais em 9 de outubro de 1942, quando Heinrich Himmler dá uma série de instruções aos chefes da SS e da divisão econômica da Wehrmacht. No item 3, lê-se: "Aconteça o que acontecer, os judeus devem desaparecer da jurisdição do Governo Geral, atendendo à vontade do Führer."[372] Em 13 de outubro, os campos de trabalho e a mão de obra judaica de toda essa área, inclusive os operários que trabalham para a Wehrmacht, ficam subordinados diretamente à SS e à polícia.

Todos os sobreviventes da *Aktion* do verão de 1942 se perguntam que atitude tomar. Os dirigentes do movimento de resistência lamentam amargamente não ter organizado uma revolta armada. Em 15 de outubro de 1942, Emanuel Ringelblum ilustra perfeitamente o sentimento de culpa que corrói a população:

> Por que não resistimos quando eles começaram a deportar trezentos mil judeus de Varsóvia? Por que nos deixamos conduzir ao matadouro como carneiros? Por que o inimigo venceu de forma tão absoluta? Por que os carrascos não sofreram uma só perda?

Por que cinquenta SS (segundo alguns, ainda menos), ajudados por cerca de duzentos guardas ucranianos e outros tantos letões, conseguiram executar a operação com tanta facilidade?[373]

Os vários representantes dos partidos políticos reunidos na OJC decidem unir suas forças, preparando-se para o combate. Em 20 de outubro de 1942, ao cabo de longas negociações, eles criam a Comissão de Coordenação (KK). Os partidos religiosos e os sionistas revisionistas ficam de fora.

A KK é a primeira etapa da unificação das forças militares no seio da OJC. Cada partido que aderiu a essa organização dispõe de seus próprios "grupos de combate". No total, criam-se 22 grupos, e cada um deve atuar numa determinada zona do gueto. Um responsável do Hashomer Hatzair, de 24 anos, Mordechai Anielewicz, fica encarregado do comando da OJC. Em outubro de 1942, estima-se que o número de combatentes é de seiscentos.

Paralelamente, os militantes do partido sionista revisionista e os membros de seu movimento de juventude fundam sua própria organização de resistência: a União Militar Judaica (UMJ) (ZZW, Zydowski Zwiazek Wojskowy). Seus efetivos são de duzentos a 250 combatentes.

Lançando-se a novas ações, a OJC mata os informantes da Gestapo e os traidores. Os assassinatos de membros do primeiro escalão da polícia judaica ou do Judenrat se sucedem: em 29 de outubro de 1942, o número dois da polícia, Jacob Lejkin, é morto. Em 29 de novembro de 1942, um membro do Judenrat, Yisroel First, colaborador ativo da Gestapo, é executado por David Shulman, Berl Braudo e Sara Greenstein. Agentes da Gestapo, como os irmãos Vaintroib e Lolek Skosovski, também são executados.

Os combatentes da OJC extorquem dinheiro dos judeus abastados e também do empresário alemão Schultz, proprietário das maiores fábricas do gueto, que sofre um ataque à mão armada. Essas ações permitem comprar armas da Gwardia Ludowa (guarda popular) comunista e dos traficantes poloneses. Turkow lembra a compra de armas por intermédio de um polonês que tinha contato com os operários de uma fábrica de armas de Radom. O preço de um revólver varia de 5 mil a 12 mil zlotys. Os soldados italianos que voltam do front Leste também vendem suas armas, como escreve Goebbels em seu diário, a 10 de maio de 1943: "Recebi um relatório confidencial sobre a forma misteriosa como os judeus adquiriram a grande quantidade de armas que usaram para defender-se. Em sua maioria, foram compradas de nossos corajosos aliados que, fugindo por Varsóvia, delas se desembaraçaram em troca de um bom dinheiro."[374]

Finalmente, a OJC distribui panfletos para estimular os habitantes a resistir:

> Combatam até o último sopro de vida. Recebam o inimigo com unhas e dentes, com machado e faca, com vitríolo e ferro; que ele pague o sangue com sangue, a morte com a morte. [...] Levantemo-nos e lutemos para viver. [...] Que cada mãe se faça uma hiena a defender seus filhotes! Que nenhum pai aceite mais o assassinato dos filhos sem reagir! [...] Nossa palavra de ordem: nenhum judeu mais irá para Treblinka! Lutemos até o último sopro de vida.[375]

A população do *Restgetto* passa a confiar mais na OJC, e, com isso, o Judenrat é relegado a um papel insignificante.

A construção dos esconderijos

A fim de se porem a salvo quando das detenções em massa e de sobreviverem no caso de o gueto ser reintegrado à zona ariana, seus habitantes constroem esconderijos engenhosos. Hillel Seidman descreve um deles, que são chamados de bunker:

> Vedam-se as portas e aplica-se um revestimento do lado externo. Em seguida, faz-se um buraco no teto que leva a um quarto no andar de cima. No cômodo superior, esse orifício é dissimulado por um divã velho e uma mesa. No interior, coloca-se uma escada que leva à saída. Durante o dia, as pessoas se enfurnam no esconderijo e prendem a respiração: o mínimo ruído pode traí-las. À noite, elas saem pelo buraco e preparam alguma coisa para comer, abastecem-se de alimentos e se inteiram das notícias.[376]

Segundo Sam Hoffenberg, uma verdadeira "febre de construção" toma conta do gueto, que trabalha dia e noite, da forma mais discreta possível, para evitar que os alemães a notem. Formam-se grupos compostos de trabalhadores (bombeiros hidráulicos, pedreiros) e indivíduos com recursos para comprar alimentos a serem estocados no bunker e outros materiais (tijolos, chumbo, canos, etc.). "A água vem da tubulação principal do edifício, e as ligações clandestinas permitem instalar eletricidade no bunker, caso ele não esteja muito longe do cabo geral de distribuição da cidade."[377] Os habitantes dão mostras de grande engenhosidade, utilizando, por exemplo, portas de fornos de cozinha para dissimular a entrada de uma galeria. Abram Apelkir concebe para sua família um esconderijo que se comunica com outros bunkers. A saída vai dar nas caixas de descarga dos banheiros do pátio do imóvel. Ele instalou um sistema de extração de água de fonte potável "usando o método de perfuração de poços de petróleo, cavando vários metros".[378]

O que se sabe sobre o gueto no exterior?

Depois das ondas de deportação do verão de 1942, alguns poloneses, em particular funcionários da administração pública, se mostram solidários para com os judeus. Os dirigentes comunitários alertam seus contatos fora do gueto, na esperança de que as autoridades alemãs suspendam a *Übersiedlungsaktion* sob a pressão das potências aliadas. Eles consideram duas possibilidades: a troca de civis alemães que vivem na Grã-Bretanha e nos Estados Unidos ou então a concessão da cidadania palestina ou americana.

Em agosto de 1942, Jan Karski, que faz a ligação entre o Exército do Interior (AK, Armia Krajowa) e a delegação do governo polonês no exílio, introduz-se clandestinamente no gueto para se inteirar da situação *in loco*. Ele se encontra com dois dirigentes: um sionista, Adolf Berman, também chamado Menahem Kirschenbaum[i], e outro do Bund, Leon Feiner.[ii] Este último o informa do desespero da população: "Estamos impotentes para enfrentar os assassinos alemães. Sem ajuda, não podemos nos defender, e ninguém na Polônia pode nos defender. Os poderes da Polônia subterrânea podem salvar

---

i. Em setembro de 1939, Menahem Kirschenbaum, do grupo de sionistas liberais, funda no gueto a Yuddische Sotciale Alleinhilfe (Ajuda Mútua iídiche).

ii. Leon Feiner, também chamado Mikolaj Berezowski (1888-1945), advogado, membro da direção clandestina do Bund e da OJC do lado ariano, sucessivamente vice-presidente e presidente do Conselho de Ajuda aos Judeus (Zegota).

alguns de nós, mas não as massas. O destino dos três milhões de judeus está selado."[379] Jan Karski volta para Londres na última semana de novembro de 1942 e dá seu depoimento aos dirigentes poloneses, judeus, britânicos e americanos — ele irá a Washington em julho de 1943 e se encontrará com o presidente Roosevelt. Szmul Zygielbojm, representante do Bund junto ao governo polonês no exílio em Londres, trava um duro combate para quebrar o muro de silêncio e a indiferença com que essas revelações são recebidas. Aturdido, ele escreve em 20 de julho de 1942: "As mãos se petrificam e o coração gela. Que fazer?"[380] São vãos todos os seus esforços para informar os políticos, as chancelarias, as emissoras de rádio e a imprensa. Ninguém se importa com os últimos judeus do gueto de Varsóvia.

A conferência anglo-americana das Bermudas, de 19 a 30 de abril de 1943, dedicada aos refugiados, não toma nenhuma medida concreta para ajudar os judeus da Europa ocupada. Szmul Zygielbojm suicida-se em 12 de maio de 1943, na esperança de que seu gesto sensibilize a opinião pública para o destino dos judeus. A última carta escrita por ele ao presidente e ao primeiro-ministro polonês termina com estas palavras: "Tenho consciência do valor ínfimo de uma vida humana, sobretudo no momento presente. Mas, como não consegui arrancar da indiferença aqueles que podem e devem agir para salvar do extermínio — nem que seja neste último momento — esse punhado de judeus que ainda sobrevivem, talvez a minha morte contribua para fazê-lo."[381]

A atitude da Resistência polonesa

Em fins de julho de 1942, a Resistência polonesa, com seu Exército do Interior, foi informada por um ferroviário da verdadeira função do campo de Treblinka. Depois de checar a informação em diversas fontes, ela a transmite ao governo polonês no exílio em Londres, mas este não julga necessário divulgá-la. Em setembro de 1942, as transmissões da BBC em língua polonesa falam do extermínio da comunidade judaica do país. A primeira declaração pública do governo polonês só se dá em 27 de novembro de 1942, isto é, quatro meses depois do início da *Übersiedlungsaktion*. Hillel Seidman, que se reúne com os dirigentes da Resistência polonesa em dezembro de 1942, exprime amargamente as queixas da comunidade judaica:

> Quando vocês fazem atos de sabotagem, por que não dinamitam os trilhos da estrada de ferro que leva aos campos da morte? Por que não se verificou nenhum ato de sabotagem praticado pelos ferroviários que conduzem as vítimas a Treblinka ou a Belzec para serem liquidadas? Por que o clero polonês se mantém em silêncio? E os intelectuais poloneses? Por que não fazem soar o alarme no mundo inteiro? Por que o governo polonês se cala, por que não induz os demais Estados a uma luta contra esse crime?[382]

Mais adiante, ele observa: "Porém, minhas perguntas continuam sem resposta. Alguns outros militantes socialistas e dirigentes do movimento clandestino se unem a nós. Eles devem debater a questão. Eu lhes comunico uma série de fatos relativos ao gueto e ao atroz aniquilamento. Eles se sentem embaraçados. Mas o que podem fazer? Nada podem fazer para nos ajudar."[383]

A única ação notável da AK é a doação de dez revólveres à OJC em fins de dezembro de 1942. Para explicar sua falta de apoio, o movimento alega insuficiência de armas. O que não é bem verdade, porque, na primavera de 1943, a AK declarou dispor de 25 mil fuzis, seis mil revólveres e trinta mil granadas. Segundo Raul Hilberg, a verdade é que essa atitude se explica pela ideia preconcebida de que os judeus seriam incapazes de se lançar a uma luta armada. Além disso, a AK não estaria muito disposta a dar armas à OJC, uma vez que muitos dos membros desta são partidários da União Soviética.

A fuga para a zona ariana

Um punhado de sobreviventes decide refugiar-se na parte ariana da cidade. No curso da *Übersiedlungsaktion*, calcula-se que cerca de oito mil pessoas fugiram do gueto. Esse número reduzido explica-se em grande medida pela imensa dificuldade de encontrar um ponto de apoio do outro lado do muro. Somente tentaram a fuga os que tinham amigos próximos para acolhê-los ou meios suficientes para sobreviver.

Uma vez do outro lado do muro, os judeus se surpreendem com o contraste que existe entre as duas partes da cidade. Wladka (cujo verdadeiro nome é Feigel Peltel-Miedzyrzecka), membro do Bund, elemento de ligação da OJC, descreve a cidade ariana: "Mulheres carregam cestos de provisões [...], as lojas estão abertas e nelas os clientes fazem suas compras. Mães andam pela rua levando pãezinhos apetitosos [...]. Um mundo completamente diferente."[384]

O principal empecilho à instalação clandestina na zona ariana é a onipresença de temíveis dedos-duros profissionais: os *szmalcowniki*.[iii] Eles percorrem as ruas de Varsóvia, sobretudo

---

iii. Do polonês *szmalec*, banha; em gíria: grana, tutu.

nas áreas próximas ao gueto, em busca de fugitivos, a quem chamam de "gatos" e "beduínos". Eles os fazem falar, confiscam-lhes os bens e os entregam às autoridades de ocupação em troca de uma recompensa. Os judeus os temem praticamente tanto quanto os alemães, devido à sua extraordinária capacidade de reconhecê-los. "Comerciantes, estudantes que reconhecem na rua um ex-colega judeu, burgueses que reconhecem um ex-vizinho: os chantagistas pertencem a todos os meios", conta o judeu Michel Borwicz, membro da Resistência. "Organizados em bandos, eles formavam uma associação amplamente ramificada que operava em diferentes setores, vigiando as saídas do gueto, examinando cada passante suspeito e seguindo-o passo a passo. A presa que caía em suas garras raramente escapava."[385]

Marcel Reich-Ranicki os compara a caçadores: "Essa caça era sua profissão e, sem dúvida, sua paixão. Eles reconheciam os judeus sem se enganar. De que forma? Quando não havia outros traços característicos, diziam que era por causa de seus olhos tristes."[386]

Assim assediados na cidade ariana, conta Hillel Seidman, muitos habitantes do gueto preferem voltar para casa, "incapazes de enfrentar a chantagem e a angústia. 'Antes morrer', dizem eles, 'que viver com um medo mortal.' Outros ainda acrescentam: 'Morrer por morrer, que seja pelo menos entre os judeus'."[387] A Resistência polonesa não intervém contra os *szmalcowniki*, exceto por algumas ações pontuais. Ela luta prioritariamente contra os colaboradores, os quais executa, e faz publicar seus nomes na imprensa clandestina polonesa.

Marcel Reich-Ranicki, que conseguiu fugir com sua esposa, lembra as três condições para conseguir sobreviver fora do gueto:

Primeiro, era preciso ter dinheiro ou objetos de valor para comprar documentos falsos, sem falar do fato de que sempre havia a possibilidade de sofrer chantagens. Depois, era preciso ter aparência e comportamento que não dessem a perceber aos poloneses que se tratava de um judeu. Finalmente, era preciso ter amigos fora do gueto ou contatos dispostos a ajudar. Se um judeu que pretendesse se refugiar na parte ariana da cidade só preenchesse dois desses três requisitos, sua situação não era nada boa; se preenchesse apenas um, suas chances seriam mínimas.[388]

Outro grande empecilho à sobrevivência fora do gueto: as novas diretrizes impostas em 5 de outubro de 1941 pelo governador Hans Frank, determinando que todos os que ajudassem um judeu seriam executados junto com sua família: "A cumplicidade e a ajuda são passíveis da mesma pena com que se punem os crimes; a ação intentada será punida como se tivesse sido realizada."[389] A Polônia é o único país em que as pessoas que ajudam os judeus são condenadas à morte com sua família.

Assim sendo, alguns grupos de resistência polonesa se opõem a qualquer gesto de solidariedade para com a população judaica. Um artigo publicado em 25 de novembro de 1943 em *Wiadomosci Codzienne* (Notícias Cotidianas), órgão da organização Espada e Arado, o diz expressamente: "Quando, durante a liquidação do gueto, a questão judaica estava na ordem do dia, expressamos nossa opinião de que todos os 'oficiais ou não oficiais' que se dispuseram a ajudar os judeus, apesar dos riscos de morte que isso implicava, agiram mal. [...] Não se tem o direito de arriscar a cabeça de um só polonês para salvar um judeu."[390]

Zegota

Muitos judeus são auxiliados pelo Conselho de Ajuda aos Judeus (Zegota), fundado em 4 de dezembro de 1942. Ele nasceu da reorganização da Comissão Provisória para Ajuda aos Judeus, criada em fins de setembro.[iv] O Zegota dispõe de vários elementos na Polônia, principalmente em Cracóvia e Lvov. Seu objetivo é dar apoio financeiro aos sobreviventes judeus escondidos. Quem é beneficiado com essas subvenções envia recibos para fins de contabilidade. O Zegota recebe dotações do governo polonês no exílio em Londres, por intermédio da Delegatura, sua representante na Polônia. Os fundos aumentam progressivamente, passando de 300 mil zlotys por mês (soma que garante o sustento de seiscentas pessoas) para 2 milhões de zlotys no decorrer do verão de 1944. No total, a organização recebeu 34 milhões de zlotys e sustentou cerca de quatro mil judeus.

O Zegota também fornece documentos "confiáveis" às pessoas em situação de risco: certidões de batismo emitidas pelos padres, carteiras de identidade emitidas pela prefeitura, *Kennkarten* — carteiras de identidade introduzidas pelas autoridades alemãs no Governo Geral — habilmente falsificadas pelos setores especiais da Resistência. Cerca de cinquenta mil judeus beneficiam-se dessa ajuda.

O Zegota procura alojamentos e paga as despesas de hospedagem em orfanatos, em famílias ou estabelecimentos religiosos. Entre seus membros mais célebres está a assistente

---

iv. Seu presidente era Julian Grobelny, representante do Partido Socialista; a vice-presidência era exercida por Leon Feiner, do Bund, e por Tadeusz Rek, do Partido Camponês. Adolf Berman, do ZKN, foi nomeado secretário, e Marek Arczynski, do Partido Democrático, tesoureiro.

social Irena Sendler, que ganha notoriedade ao salvar 2,5 mil crianças sobreviventes do gueto.

O departamento médico do Zegota, dirigido pelo doutor Ludwik Rostkowski, presta atendimento médico aos judeus do gueto e aos que se escondem na zona ariana. Com seus colegas Tadeusz Stepniewski e Jan Rutkiewicz, colaboram num jornal chamado *Abecedário Médico*. No número publicado na primavera de 1942, Ludwik Rostkowski escreve: "As sociedades polonesa e judaica deviam ver uma à outra como aliadas na luta contra o inimigo comum. Os profissionais da saúde devem se opor à nociva propaganda antijudaica que tenta esconder, sob a capa da ciência e da medicina, sua política infame e seus interesses financeiros. Em cada paciente, o médico deve ver, antes de tudo, o ser humano."[391]

"Judeus! Lutem!"

Em 9 de janeiro de 1943, Heinrich Himmler faz uma visita inesperada ao gueto. Ele ordenara a "reinstalação" dos judeus até 31 de dezembro, mas descobre que não foi obedecido. Em 9 de outubro de 1942, endereçou uma carta aos generais da SS do Governo Geral detalhando seu plano de ação: "Nosso desejo é substituir os operários judeus por poloneses e reduzir, na medida do possível, o número de campos de concentração judeus, reunindo-os num número menor no lugar onde as indústrias serão concentradas. De acordo, porém, com a vontade do Führer, os judeus deverão desaparecer também desses campos."[392]

Ele acha escandalosa a fortuna acumulada pela companhia Walter C. Többens: "Se entendi bem, esse homem, que havia três anos não tinha um tostão furado, se tornou um sujeito muito rico, senão milionário — e tudo isso graças a nós, dirigentes do Estado, que lhe fornecemos uma abundante mão de obra judaica tão barata!"[393]

Em 16 de janeiro de 1943, Himmler ordena que o SS-*Obergruppenführer* Wilhelm-Friedrich Krüger, comandante da SS e da polícia no Governo Geral, providencie o mais rápido possível a deportação de oito mil judeus do *Restgetto*, a liquidação das fábricas e a transferência da mão de obra para os campos de trabalho da zona de Lublin, complexo concentracionário da SS conhecido pelo nome de Osti (SS Ostindustrie GmbH).

Na manhã de 18 de janeiro, lança uma *Aktion*. Estão na mira, em especial, aqueles a quem chamam de "selvagens", isto é, os indivíduos que não estão registrados oficialmente nas fábricas. Os duzentos guardas alemães, acompanhados de oitocentos lituanos e letões, contam com o fator surpresa para levar a bom termo a detenção em massa. Ao saber da chegada das tropas, a maioria dos judeus se refugia em seus esconderijos. A OJC, que decidiu resistir pela luta armada, distribuiu naquele dia um panfleto que traduz seu estado de espírito: "Judeus! O invasor passa à segunda etapa de nosso extermínio. Não se entreguem passivamente à morte. Defendam-se! Peguem o machado, a barra de ferro, a faca! Tranquem-se em suas casas! Lutem!"[394] Trocam-se tiros em cinco lugares diferentes: nos números 40 e 56 da rua Zamenhof, no 44 da rua Muranowska, nos números 34, 41 e 43 da rua Mila, no 22 da rua Franciszkanska e nas fábricas Schultz.

Mordechai Anielewicz assume, então, a direção dos grupos de resistentes no grande gueto; Antek Icchak Cukierman passa a comandar o setor Többens-Schultz; dois outros grupos são dirigidos por Eliezer Geller e Arie Wilner.

Surpreendidos pelos disparos, os alemães recuam. Os combatentes judeus aproveitam-se disso para recolher algumas armas abandonadas. Apenas cinco dos 22 grupos participam da luta. Os outros não conseguiram ter acesso aos esconderijos de armas, nem chegar à zona de combate. No quarto dia, 21 de janeiro de 1943, a vigorosa resistência dos combatentes levou à suspensão da *Aktion*. As autoridades nazistas, explica Jonas Turkow, descobrem que o estado de espírito dos judeus do gueto mudou radicalmente: "Por toda parte, os alemães se deparam com a resistência e ficam profundamente contrafeitos. Eles já não esperavam tal reação. Até então, para seu grande deleite, tudo ia muito bem, na maior tranquilidade, e eis que de repente..."[395] Os nazistas ignoram não apenas o número de combatentes, mas também o volume de armamentos de que dispõem. Além disso, temendo que a insurreição se alastre pela parte ariana da cidade, hesitam quanto à forma de conduzir as operações.

Mas, apesar da atuação dos resistentes, entre cinco mil e seis mil judeus do *Restgetto* são presos, conduzidos à *Umschlagplatz* e enviados para Treblinka. Muitos habitantes que tentaram fugir ou se esconder são assassinados. Os SS jogam pela janela os doentes do hospital da rua Gesia.

Pela primeira vez, um sentimento de orgulho

Quando dessa *Aktion*, os soldados alemães mostraram não ser invencíveis. Os habitantes do gueto se sentem orgulhosos: "O importante não é o número de alemães que tombaram sob as balas da OJC, mas a virada psicológica que esse acontecimento representa."[396]

Para a maioria dos membros da OJC, os combates foram um batismo de fogo que os galvanizou. Eles se descobriram capazes de rechaçar os soldados alemães. Dirigentes da OJC como Antek Icchak Cukierman se felicitam pela operação: "Da mesma forma que não estávamos preparados para combater nessa primeira ação, os alemães não estavam preparados, do ponto de vista psicológico, para a mudança que se produziu na massa judaica e nos combatentes judeus."[397]

Porém, apesar da coragem e do heroísmo de que dá mostras cada combatente, a OJC tem consciência de suas deficiências. Os dirigentes decidem submetê-los a uma disciplina militar e a um treino diário a fim de habituá-los ao manejo das armas. Embora a maioria nunca tivesse empunhado um fuzil, eles estavam decididos a lutar até o fim. Como declarou Arie Wilner: "Não queremos salvar nossa vida. Nenhum de nós sobreviverá. Trata-se apenas de salvar nossa dignidade de seres humanos."[398]

O conjunto dos grupos de combate distribuídos nos quatro setores principais do gueto foi reorganizado. Para evitarem o efeito do fator surpresa, doravante eles ficam alojados em seus respectivos setores. Os homens se põem a construir abrigos de alvenaria e a abrir passagens entre as casas e os túneis. Seu objetivo é travar com as tropas alemãs combates de rua, para os quais elas não estão bem preparadas. Paralelamente, graças à colaboração de químicos e engenheiros, a OJC multiplica as oficinas clandestinas de bombas artesanais.

Depois dos combates, a atitude da população polonesa em relação ao gueto também evolui. "Em toda Varsóvia, correm boatos sobre a morte de centenas de alemães, sobre a força respeitável da OJC. Toda a Polônia clandestina nos saúda"[399], declara Marek Edelman. A OJC agora goza de certa legitimidade junto à Resistência polonesa, que concorda em lhe fornecer cinquenta pistolas de grosso calibre e cinquenta granadas.

Não obstante, os dirigentes e os membros da OJC continuam céticos quanto ao resultado final da luta que eles se preparam para travar. Seu único objetivo é opor uma resistência armada tão longa quanto possível, afirma Emanuel Ringelblum depois de uma discussão com Mordechai Anielewicz: "Ele tinha uma percepção exata da desigualdade de forças, previa a destruição do gueto e tinha certeza de que nem ele, nem os combatentes sobreviveriam à liquidação do gueto. Não tinha dúvidas de que iam morrer como cães sem dono e que ninguém conheceria sua última morada."[400] Como não cogitava abandonar os judeus do *Restgetto*, o comando da OJC não tinha traçado nenhum plano de fuga dos combatentes judeus pelos esgotos.

Planeja-se o fim do gueto

Embora tomadas de surpresa, as autoridades nazistas decidem continuar a transferência dos últimos judeus e a destruição do gueto. Elas endurecem a estratégia. Em 16 de fevereiro de 1943, Himmler ordena a Krüger liquidar definitivamente o gueto de Varsóvia, "por razões de segurança"[401], e a transferir para os campos de trabalho os operários de Lublin. Por meio de mensagens de propaganda, as autoridades nazistas conseguem convencer os judeus que trabalham a partir voluntariamente para os campos de Trawniki e de Poniatow, para onde as fábricas de Többens e Schultz foram transferidas. Assim, elas lhes asseguram, eles podem encontrar trabalho e "esperar tranquilamente o fim da guerra".[402]

Em 16 de fevereiro de 1943, nos termos do acordo firmado em 31 de janeiro do mesmo ano entre Többens e o SS-*Gruppenführer* Globocnik, um primeiro contingente de

850 judeus de Varsóvia parte para o campo de Trawniki. Em 23 de fevereiro, mais 850 pessoas são levadas ao campo de Poniatow. No entanto, as autoridades alemãs tiveram muita dificuldade de convencer os judeus do gueto, que se tinham tornado muito desconfiados, a apresentar-se para a partida. Para conseguir isso, Többens programa "visitas" *in loco* de vários de seus contramestres, que retornam alguns dias depois para dar suas impressões. Os alemães mandam trazer do campo de concentração de Lublin doze contramestres (*Vorarbeiter*) para falar das "formidáveis" condições de trabalho. Na noite de sua chegada, a OJC cerca o edifício onde eles estavam hospedados e os pressiona a partir imediatamente. Em seguida, a organização afixa cartazes recomendando aos habitantes que não se deixem enganar pela conversa de Többens.

No início de abril de 1943, cerca de oitocentos trabalhadores são conduzidos à força para os campos. Convencida de que a destruição do gueto é iminente, a OJC implora a ajuda da Resistência polonesa. Antek Icchak Cukierman, levando uma carta de Mordechai Anielewicz ao diretor da Resistência polonesa, é enviado à zona ariana: "A situação se agrava a cada dia. [...] Tememos a liquidação do judaísmo de Varsóvia nos próximos dias." O comandante da OJC pede o envio urgente de armas e reclama também da falta de compreensão "para a causa judaica": "Lamentamos não estar em contato direto com os governos aliados, com o governo polonês e as organizações judaicas no estrangeiro, o que nos teria permitido informá-los sobre nossa situação e o comportamento dos responsáveis pelo povo polonês."[403]

Já em 13 de janeiro de 1943, a Comissão Nacional Judaica havia endereçado uma mensagem de desespero a Stephen Wise, a Nahum Goldmann, à Abeiter Ring (Sociedade Mutualista e Socialista Iídiche dos Estados Unidos) e ao Joint:

> Nós os informamos do maior massacre de todos os tempos, cometido contra três milhões de judeus poloneses. Para tentar salvar pelo menos os quatrocentos mil judeus ainda com vida, nós lhes pedimos: 1. Que promovam represálias contra os alemães. 2. Que forcem os hitleristas a parar com a matança. 3. Que nos forneçam armas para salvar nossas vidas e nossa honra. [...] Irmãos, o que resta do judaísmo polonês vive hoje com a ideia fixa de que, nos dias mais sombrios de nossa história, vocês não nos ajudaram. Deem-nos uma resposta. É nosso último apelo.[404]

2
A insurreição do gueto

Em 19 de abril de 1943, às 4 horas da manhã, 1.262 soldados e 31 oficiais, 830 dos quais atuando em conjunto com as forças policiais e com auxiliares ucranianos, letões e lituanos de Trawniki, penetram no gueto. Os 750 combatentes judeus (quinhentos da OJC e 250 da UMJ) estão preparados: eles souberam na véspera, primeiro dia do Pessach, que tropas alemãs estavam se concentrando para cercar o gueto.

Este se divide em três setores de comando, sob as ordens de um chefe regional. Marek Edelman dirige cinco grupos de combate no setor da fábrica de escovas de Többens; Izrael Kanal dirige nove na parte central, dita "selvagem", por não haver fábricas; Eliezer Geller comanda oito no gueto "produtivo", onde ficam as fábricas Többens e Schultz. Os habitantes, que também foram alertados, se refugiam em esconderijos e nos abrigos construídos nos sótãos e nos porões.

Combatentes determinados

O gueto está deserto. Marek Edelman descreve o estado de espírito dos combatentes judeus quando veem as forças alemãs:

> Os SS agora estão prestes a atacar. Em fileiras cerradas, a passo cadenciado, avançam pelas ruas aparentemente desertas do gueto

central. Vendo-os, poder-se-ia acreditar que sua vitória são favas contadas, que aquele Exército moderno, magnificamente equipado, derrotou um punhado de imprudentes. Ao verem mais metralhadores naquele desfile das forças alemãs que cartuchos em suas pistolas, os adolescentes insurretos poderiam chegar à conclusão de que é impossível alcançar a lua. Mas não, não temos medo nem estamos surpresos. Apenas aguardamos o momento oportuno.[405]

Ao chegarem ao cruzamento das ruas Mila e Zamenhof, as primeiras unidades alemãs começam a sofrer o fogo cerrado dos insurgentes armados de revólveres, granadas e coquetéis molotov.[i] As perdas são pesadas para os alemães, que são obrigados a adotar outra tática: eles dispõem canhões na praça e jardim público Krasinski, nas praças Paryzowski e Zytnia e na rua Bonifraterska. Em face da artilharia inimiga, as armas dos insurgentes são extremamente limitadas. Segundo Marek Edelman, cada combatente da OJC dispõe apenas de um revólver com dez a quinze balas, e de quatro ou cinco granadas de mão. Apesar disso, conseguem deter os alemães.

Mais tarde, na mesma manhã, travam-se outros combates no gueto central, na esquina das ruas Nalewki e Gesia, perto das fábricas de escovas e das oficinas Többens e Schultz. Os combatentes da UMJ[ii], que se batem na praça Muranowski, içam uma bandeira polonesa e outra com a estrela de Davi no edifício mais alto do bairro. Conseguem incendiar um

---

i. Cinco grupos de combate participaram dessa operação: Gruzalc (Bund), Merdek (Hashomer), Hochberg (Bund), Berek (Dror) e Pawel (PPR).

ii. O grosso de suas forças é destruído dois ou três dias depois, e a maioria dos sobreviventes passa para a zona ariana por um túnel.

tanque de guerra. Diante da determinação e pertinácia dos insurgentes, os alemães recuam de sua posição às 14 horas.

No fim do dia, os resistentes são alvo da artilharia da praça Krasinski, além de bombardeios aéreos. Os alemães compreendem que a *Aktion* não se fará tão rapidamente quanto previsto. Eles procedem à prisão dos últimos membros do Judenrat em exercício, entre os quais o engenheiro Marek Lichtenbaum, o advogado Gustaw Wielikowski e o engenheiro Stanislaw Szereszewsk. Estes últimos são tomados como reféns e ficam detidos no quartel-general alemão na rua Zelazna, número 103. Quatro dias depois, em 23 de abril, todos viriam a ser conduzidos à *Umschlagplatz* e fuzilados. "Seus corpos foram jogados no lixo."[406]

Ao cabo de dois dias de combate, o SS-*Brigadeführer* Von Sammerm-Frankenegg foi substituído por Jürgen Stroop, que chegara a Varsóvia três dias antes.

A autodefesa, uma realidade

No segundo dia, 20 de abril, os combates recomeçam às 14 horas. Eles se dão principalmente no bairro das fábricas de escovas. Segundo Marek Edelman, a explosão de uma mina perto da entrada de uma fábrica provoca a morte de mais de cem SS. Quando de uma segunda tentativa de penetrar no setor, um comando de trinta SS foi atacado com granadas e coquetéis molotov. "Só uns poucos escaparam com vida."[407] Depois de ferozes combates, três oficiais pedem um cessar-fogo de quinze minutos para recolher os feridos e os mortos. Eles propõem também a transferência de todos os operários da fábrica para os campos de trabalho de Trawniki e de Poniatow.

Os insurgentes respondem à proposta com tiros. "Cada casa é [para os alemães] uma fortaleza inimiga."[408]

Os habitantes do gueto ajudam os grupos de combate. Eles lhes trazem água, alimentos, munições, e lhes preparam rotas de fuga. Muitos resistentes que dispõem de uniformes e capacetes alemães os utilizam para aproximar-se do inimigo e aplicar-lhes golpes mortais, ou para recuar, enganando seus perseguidores.

Jürgen Stroop decide dividir o gueto em 24 setores, incendiá-los um a um e, em seguida, destruí-los com tratores. Essa estratégia diminui consideravelmente a capacidade dos resistentes, que, como Marek Edelman, são obrigados a fugir:

> Num instante, as chamas se propagam por todo o conjunto de edifícios. Uma fumaça negra e espessa ataca a garganta e os olhos. Os insurgentes não têm a intenção de se deixar queimar vivos. [...] As chamas lambem as roupas, que começam a ser consumidas. Os pés afundam no alcatrão viscoso ou ficam presos nas poças grudentas formadas pelos fragmentos de vidro fundido. As solas dos calçados pegam fogo sobre o pavimento incendiado. Um após outro, abrimos passagem no incêndio, de uma casa a outra, de um pátio a outro. O ar é irrespirável. Cem martelos golpeiam nossas cabeças. Vigas incandescentes caem sobre nós. Finalmente, saímos da zona de fogo, felizes por escapar do inferno.[409]

Apesar de tudo, os combates prosseguem com grande intensidade. Entusiasmado, Mordechai Anielewicz escreve em 23 de abril de 1943 a Antek Icchak Cukierman, que se encontra na parte ariana:

O que acabamos de viver é indescritível e ultrapassa nossos sonhos mais ousados. Por duas vezes, os alemães fugiram do gueto. Uma de nossas companhias resistiu por quarenta minutos, e outra por seis horas. Uma mina explodiu, e várias de nossas companhias atacaram os alemães em fuga. Nossas perdas humanas são poucas, e isso constitui também uma vitória.

Graças ao nosso rádio, ouvimos uma maravilhosa transmissão da estação Swit relatando nosso combate. O fato de falarem de nós fora do gueto nos dá coragem.

Fique em paz, meu amigo! Talvez tornemos a nos ver!

O sonho de minha vida se realizou. A autodefesa do gueto é uma realidade. A resistência armada judaica e a vingança se concretizam. Sou testemunha do maravilhoso combate dos heróis judeus.[410]

Os combates vão se intensificando até 28 de abril. Intimidados pelo número de soldados alemães e por seu poder de fogo, os combatentes da OJC se refugiam nos bunkers. A partir daí, continuam a luta armada realizando emboscadas, sobretudo noturnas.

O gueto em chamas

Himmler ordena a Krieger que esmague a insurreição por todos os meios. Jürgen Stroop pede às suas tropas que façam uso maciço de lança-chamas, gás asfixiante e explosivos, a fim de eliminar os combatentes de cada um dos focos de resistência. "O gueto", escreve Raul Hilberg, "parece um oceano em chamas."[411] Stroop pode anunciar a destruição de 631 bunkers. Essa estratégia reduz consideravelmente o número de perdas dos alemães.[iii]

Marek Edelman descreve com precisão a atmosfera aterradora que reina então no gueto:

> Um mar de chamas invade os edifícios e os pátios. O madeiramento crepita, as paredes desmoronam. Não há mais ar. Há apenas a fumaça negra, sufocante, e a fornalha do incêndio que se irradia também das paredes calcinadas e das escadas incandescentes. O que os alemães não conseguiram destruir, consegue agora o fogo todo-poderoso. O odor dos corpos queimados trava a garganta. Nas sacadas, nos vãos das janelas, nas escadarias de pedra que não se incendiaram, jazem cadáveres carbonizados. O fogo expulsa as pessoas dos abrigos, desaloja-as do esconderijo que arrumaram havia muito tempo num sótão ou num porão. Milhares vagam pelos pátios, correndo o risco de ser capturados, detidos ou mortos ali mesmo pelos alemães. Mortos de exaustão, eles adormecem nos vestíbulos de pé, sentados ou deitados, e é no sono que são atingidos pelas balas alemãs. Ninguém nota que o velho que parece dormir num vestíbulo não acordará mais. Ninguém percebe que a mãe que amamenta seu bebê está morta há três dias e que o bebê em seus braços suga, chorando, um seio morto. Centenas de pessoas se matam jogando-se do terceiro ou do quarto andar. Dessa maneira, mães poupam seus filhos do suplício das chamas.[412]

---

iii. Segundo dados das autoridades alemãs, nos quatro primeiros dias do combate morreram seis alemães e 38 ficaram feridos. Entre 19 de abril e 16 de maio de 1943, contam-se dez mortos e 47 feridos.

Ao mesmo tempo, os alemães inundam a tubulação dos esgotos para afogar os judeus que lá se refugiaram. Os combatentes escondidos nos bunkers são soterrados pelos escombros, e os sobreviventes, em sua maioria, acabam massacrados pelos soldados. O resultado desfavorável do combate se torna evidente para os comandantes da OJC: faltam munições devido a um bloqueio reforçado, e os insurgentes carecem de água e de alimentos. Apesar disso, a resistência continua, para grande aborrecimento de Goebbels. Este escreve em 1º de maio de 1943: "Combates duríssimos se travam em Varsóvia entre nossas forças policiais, incluindo a Wehrmacht, e os revoltosos judeus. Os judeus conseguiram fazer do gueto uma espécie de praça-forte." E acrescenta, mais adiante, indignado:

> O alto-comando judeu chega até a publicar comunicados diários. Essa brincadeira não vai durar muito. Mas vê-se do que os judeus são capazes quando armados. Infelizmente, eles dispõem de certa quantidade de boas armas alemãs, principalmente metralhadoras. Deus sabe onde eles as conseguiram. Além disso, registra-se no Governo Geral uma série de tentativas de sabotagem e de atentados cujo número ultrapassa em muito o normal.[413]

A morte de Anielewicz e o fim do gueto

Em 8 de maio de 1943, o posto de comando da OJC, situado na rua Mila, número 18, no qual se encontra Mordechai Anielewicz, é descoberto e destruído. Os insurgentes perderam seu chefe. Durante alguns dias, os combates continuam de forma intermitente. A OJC praticamente deixou de existir. A organização decide acelerar a evacuação dos últimos combatentes pelos esgotos. Kazik Ratajzer e Zygmunt Frydrych foram enviados em 30 de abril à parte ariana de Varsóvia para entrar em contato com Cukierman e planejar a operação.

Na noite de 9 de maio, um primeiro grupo, no qual se encontram Abrasza Blum, Marek Edelman e Zivia Lubetikin, toma o caminho dos esgotos, guiado por trabalhadores poloneses encarregados de sua manutenção. Estes tinham sido contatados por intermédio da Resistência polonesa. O caminho está cheio de obstáculos colocados pelos alemães: granadas suspensas nas entradas, que explodem ao menor contato, galerias que exalam gases asfixiantes, dutos de esgoto inundados. Finalmente, o grupo chega à zona ariana. Ele teve de esperar a equipe de evacuação numa estreita galeria de esgoto com setenta centímetros de altura, na qual é impossível erguer-se acima do nível em que a água chega aos lábios. "A cada instante, um de nós desmaia. Alguns bebem o líquido espesso e malcheiroso. Os segundos duram meses."[414]

Só às 10 da manhã do dia 10 de maio, dois caminhões param acima da tampa do esgoto, no cruzamento das ruas Twarda e Prosta. Os insurgentes saem rapidamente ao ar livre, sem proteção. "Um após outro, sob os olhares de uma multidão estupefata, os judeus saem do buraco escuro, de armas na mão. Naquela época, a simples visão de um judeu causava espanto."[415] Os caminhões partem imediatamente. Os que passaram para a zona ariana continuarão a luta na clandestinidade. Uma segunda tentativa de promover a evasão de outros combatentes fracassa.

A situação é desesperadora, como se pode ler na mensagem que Leon Feiner e Adolf Berman enviam em 11 de maio de 1943 às organizações judaicas da Polônia:

Os alemães disparam salvas de artilharia e incendeiam sistematicamente os conjuntos habitacionais, fazem-nos saltar com explosivos ou bombardeios. O gueto está cercado por policiais, inclusive as saídas dos esgotos. Os refugiados que fogem do inferno do gueto são detidos e executados imediatamente. Enquanto a Organização Judaica de Combate, cujos dias de heroísmo chegam ao fim, ainda continua ativa no gueto, os últimos membros das comunidades judaicas que ainda subsistem na província estão sendo totalmente liquidados. O mundo da liberdade e da justiça se cala e nada faz![416]

Cukierman envia uma carta cheia de raiva a Ignacy Szwarcbard[iv], representante sionista do governo polonês no exílio em Londres: "Se vocês não nos ajudarem, serão amaldiçoados até a décima geração."[417]

Mas os últimos insurgentes ficaram encurralados e não puderam se evadir. Os que conseguem sobreviver guardam uma profunda amargura, como dirá Cukierman:

> Se hoje eu tivesse de reconsiderar os erros que cometemos, diria ter quase certeza de que poderíamos tirar do gueto de Varsóvia muito mais pessoas, mas o fato é que desejávamos cortar todas as pontes. Temíamos deixar penetrar na consciência de nossos homens a ideia de que era possível salvar a vida sem combater. Foi só por isso que não preparamos nem casas no bairro ariano, nem automóveis, nem homens que pudessem servir de guia através da rede de esgotos. Talvez isso tenha sido um grande

---

iv. O advogado e ex-deputado Ignacy Szwarcbard integrava, em Paris, o primeiro Conselho Nacional da República da Polônia, constituído em dezembro de 1939.

erro de nossa parte, mas justificado pelas condições daquela época. Temíamos nos deixar dobrar no momento decisivo; os homens podiam se enganar, considerando-se em segurança, e não combater. Temíamos que, se isso acontecesse, nosso destino seria não a insurreição, mas Treblinka.[418]

"A passividade é um crime"

Desde o início da insurreição, a população polonesa procura aproximar-se do gueto para tentar ver os combates que lá se travam. Espalham-se cartazes na zona ariana para lembrar que qualquer pessoa que esconder um judeu será executada com toda a sua família. Em contrapartida, quem denunciar um judeu receberá um terço do dinheiro pertencente ao denunciado. Segundo Stroop, "essa medida está dando resultado". Ele explica também que,

> em sua grande maioria, a população polonesa aprovou as medidas tomadas contra os judeus. Pouco antes da grande operação, o governador dirigiu uma proclamação especial [...] à população polonesa; ele alegava como motivo para a destruição do antigo gueto judeu os assassinatos cometidos na região de Varsóvia e as valas comuns descobertas em Katyn; ao mesmo tempo, pedia-lhes que nos ajudassem em nosso combate contra os agentes comunistas e os judeus.[419]

Alina Margolis, que vive clandestinamente na parte ariana de Varsóvia, não nota nenhuma disposição favorável em relação a eles, e talvez perceba até um sentimento de satisfação da parte dos poloneses: "Os passantes e os bisbilhoteiros se juntavam em grupos, levantavam a cabeça e nos apontavam uns para os outros. O que eles diziam entre si não vou repetir, recuso-me a repetir."[420] Ela assiste à prisão, por um policial polonês, de uma jovem judia que apresenta muitas queimaduras. "Foi ali, ao pé do muro, que me senti verdadeiramente judia pela primeira vez em minha vida. Soube, de uma vez por todas, que ficaria com eles, os queimados vivos, os sufocados, os gaseados em seus abrigos, os que lutaram e morreram, porque lhes era impossível sobreviver. Aqueles cuja sorte não partilhei."[421]

Marek Edelman chama a atenção para a passividade dos poloneses diante do *szmalcowniki* quando da prisão de um judeu: "Os outros viravam o rosto porque não queriam ver. Temos de reconhecer que aquilo não era nada agradável. No entanto, eles eram testemunhas. E uma testemunha passiva se torna cúmplice. Em situações extremas, a omissão é um crime."[422]

Os Justos poloneses

Judeus do gueto de Varsóvia receberam ajuda de poloneses. Alguns se tornaram célebres, como Jan Zabinski, diretor do zoológico de Varsóvia, e sua mulher, Antonina, que esconderam em sua residência e em áreas técnicas do zoológico muitos habitantes do gueto.

Cirurgiões também colaboraram para a sobrevivência de judeus na zona ariana. Alguns receberam o título de Justo por terem realizado operações plásticas de restauração de prepúcio[v]; outros, entre os quais o doutor Andrzej Trojanowski, por terem feito intervenções cirúrgicas como rinoplastias, para dar

---

v. Feliks Kanabus, ajudado por sua mulher, Irena, Andrzej Trojanowski, e também Stanislaw Bialecki, Janina Radlinska, Tadeusz Charemza e Wojciech Wiechno.

um aspecto mais "eslavo" a seus pacientes. Alguns médicos e cirurgiões esconderam judeus nos hospitais. Feliks Kanabus, cirurgião de um hospital pediátrico de Varsóvia, internou nele crianças que tinham fugido do gueto, enquanto buscava um lugar em que fossem acolhidas. A doutora Aleksandra Mianowska ajudou a esconder doentes em hospitais de Varsóvia sob a identidade de outros. Wojciech Wiechno, cirurgião ortopédico do hospital Saint-Roch, de Varsóvia, internou seus "pacientes" durante períodos de catorze a 21 dias, até que se encontrasse para eles um esconderijo seguro. O doutor Stanislaw Swital internou combatentes judeus do gueto de Varsóvia num pequeno hospital situado no bairro Boernerowo, depois em outro, dirigido pelo doutor Zalewski Kazimierz, na aldeia de Jelonki.

A mais célebre Justa polonesa é Irena Sendler, que recebeu esse título em 19 de outubro de 1965. Ela salvou 2,5 mil crianças judias fazendo-as sair do gueto e conseguindo que fossem recebidas em lares católicos e em conventos. Sendler foi presa em sua casa em 20 de outubro de 1943. No quartel-general da Gestapo, seus torturadores quebraram-lhe os pés e as pernas, mas ela não falou. Condenada à morte, foi miraculosamente libertada a caminho da execução por um oficial alemão que a Resistência polonesa conseguiu subornar.

Hillel Seidman lembra a iniciativa de padres de Varsóvia que, em março de 1943, por intermédio de um membro do Judenrat, o engenheiro Abraham Sztolcman, se propõem a esconder os últimos rabinos do gueto. Os três sobreviventes, Menahem Zemba, Szymzon Sztokhamer e David Szapiro, recusaram a oferta, declarando a Sztolcman: "Nós não abandonaremos nossa congregação. Vivemos juntos com a comunidade judaica de Varsóvia. E se o Todo-Poderoso assim tiver determinado, pereceremos juntos!"[423]

De todos os países, a Polônia é a nação que conta com o maior número de Justos: 6.706 homens e mulheres salvaram judeus, arriscando a vida, de modo totalmente desinteressado. Os Justos poloneses representam 25,3% de todos os que foram recenseados em 1º de janeiro de 2017. Só na cidade de Varsóvia, contam-se 981 homens e mulheres que deram mostras de coragem, generosidade e humanidade, simplesmente porque não imaginavam poder agir de outra forma. Alguns pagaram caro por isso, pois foram executados. E, pelo caráter clandestino de suas atividades, grande número deles, que mereceriam o título de Justos entre todas as nações, foi assassinado, e ninguém revelou sua história. Assim, o livro dos Justos nunca será completo, porque muitos permanecerão anônimos, por falta de testemunhos.

"Não há mais bairro judeu em Varsóvia"

Em 16 de maio de 1943, às 20h15, para simbolizar a vitória final, Jürgen Stroop ordena que se dinamite a grande sinagoga Tlomackie de Varsóvia, situada na parte ariana. Ele envia a Himmler o famoso telegrama: *"Es gibt keinen jüdischen Wohnbezirk in Warschau mehr* (Não há mais bairro judeu em Varsóvia)."[424]

Em seu relatório, Stroop faz um balanço favorável dos combates: suas tropas contam quinze mortos e noventa feridos; 56.065 judeus foram capturados e deportados para os campos de Majdanek, Poniatowa e Trawniki; cerca de sete mil foram exterminados e 6.929 enviados para Treblinka. Além disso, entre cinco mil e seis mil judeus perderam a vida em explosões e incêndios.

Um mês depois, em 11 de junho de 1943, Heinrich Himmler dá a ordem para que "o bairro do antigo gueto seja totalmente demolido, e todos os porões e esgotos, obstruídos. Encerrada essa operação, a área deverá ser coberta de terra vegetal para que aí se construa um grande parque".[425] No decorrer do verão de 1943, um contingente de 2,5 mil deportados, especialmente judeus franceses, belgas e gregos, foram transferidos para a área do gueto, onde se estabeleceu um campo de trabalho, por ordem de Oswald Pohl, chefe do Departamento Central Econômico-Administrativo SS. Juntamente com mil operários poloneses, eles procedem aos trabalhos de demolição, desobstrução e retirada dos escombros dos 180 hectares de imóveis. No total, 2.293.730 metros cúbicos de alvenaria são retirados até julho de 1944. O parque que Himmler pretendia construir nunca foi terminado, devido à ofensiva vitoriosa das tropas soviéticas.

A fim de auxiliar os sobreviventes do gueto, criou-se uma comissão judaica de salvação, em colaboração com organizações judaicas internacionais. Ela é presidida por Ignacy Schiper, eminente historiador e ex-presidente do grupo judeu junto à Assembleia. Estabelecem-se listas de personalidades com prioridade para serem socorridas. Os emissários suíços conseguem enviar passaportes dos países neutros. Como algumas pessoas já tinham sido deportadas, colaboradores judeus da Gestapo revendem os documentos a outros judeus, cobrando vultosas somas de dinheiro. Os beneficiários são pessoas confinadas nos campos de Vittel ou de Bergen-Belsen. Alguns conseguiram sobreviver, mas a maioria foi exterminada em Auschwitz.

"A Shoá é a derrota da civilização"

Ao cabo dos 948 dias, o gueto deixou de existir. A insurreição que encerra sua dramática jornada é um dos acontecimentos marcantes da Segunda Guerra Mundial e da história do povo judeu.

A notícia do levante tem grande repercussão entre os judeus dos países ocupados. Em 1º de junho de 1943, o escritor e filólogo alemão Victor Klemperer escreve em seu diário:

> [...] notícia muito difundida e, ao que parece, de fonte segura (soldados): teria havido um banho de sangue em Varsóvia, levante dos poloneses e dos judeus. Blindados alemães teriam sido destruídos por minas à entrada da cidade judaica, o que fez com que o gueto fosse metralhado e bombardeado pelos alemães — incêndios que duraram dias inteiros e milhares e milhares de mortos. [...] Não obstante, o simples fato de esses rumores circularem já constitui um sinal.[426]

A BBC também transmite a notícia em fins de abril de 1943, seguida da publicação dos primeiros artigos nos jornais clandestinos da Resistência na Europa. Na França, em fins de maio de 1943, Adam Rayski escreve sobre o "levante do gueto" no jornal iídiche *Unzer Wort* (Nossa Palavra): "Não está longe o dia em que os bandidos hitleristas terão de responder por seus crimes. Os rios de sangue que eles derramaram não cessarão jamais de inflamar-se."[427]

Os resistentes judeus franceses sentem orgulho dos combatentes da insurreição. A lição que tiram desse acontecimento mudará radicalmente seu estado de espírito. Doravante, não se trata mais de alimentar ilusões: o objetivo dos nazistas é mesmo o de proceder ao extermínio de todos os judeus do continente europeu. A política de submissão aos nazistas, defendida pela União Geral dos Israelitas da França (Ugif), não garante a sobrevivência da comunidade judaica francesa.

Torna-se imperativo unir os judeus franceses e estrangeiros numa mesma luta e numa só organização. Essa consciência leva à formação, em fins de 1943, do Conselho Representativo dos Israelitas da França (Crif), resultante da união de todas as organizações judaicas. Seu objetivo é garantir a defesa da comunidade, socorrer os necessitados e apoiar, política e materialmente, a luta armada dos *partisans* judeus nos diversos destacamentos autônomos e nas guerrilhas.

Na Sede Judaica da Palestina, a notícia da insurreição do gueto de Varsóvia é sentida como o ribombar de um trovão, já que muitos ainda têm famílias no gueto. O jornal iídiche *Arbeiter Zeitung*, do movimento Poalei Sion, publica em fins de maio a mensagem que os combatentes do gueto conseguiram fazer chegar a Tel Aviv: "De armas na mão, lutamos pela vida e pela honra daquilo que resta do judaísmo polonês. Não dispomos de armas suficientes para salvar as crianças. Esperamos uma ajuda imediata. Nossa saudação de combate aos operários judeus de Eretz-Israel e do mundo inteiro."[428] Esse apelo, dirigido por um punhado de homens e mulheres que enfrentam com parcos armamentos o mais poderoso Exército do mundo, provoca uma grande onda de solidariedade.

A Histadrut pede aos operários judeus que doem aos seus correligionários poloneses uma soma correspondente a um dia de trabalho. Esse apelo é acompanhado de uma pergunta angustiante: "Quem sabe se nossa resposta e nossa ajuda ainda os encontrarão vivos?"[429]

Os judeus da Palestina tomam consciência de que não se trata mais de manter o espírito de submissão adotado ao longo dos séculos pelos judeus da Diáspora. Em Tel Aviv, o jornal *Haaretz* de 31 de maio proclama orgulhosamente: "A chama de Massada não se apagou no gueto de Varsóvia."[430] Essa ligação entre insurgentes do gueto de Varsóvia e os combatentes de Massada influencia profundamente os dirigentes do jovem Estado de Israel. Aliás, sua independência é proclamada em Tel Aviv por David Ben Gurion exatamente cinco anos depois do fim da insurreição de Varsóvia.

A partir de então, Israel se reporta à história do gueto para afirmar não apenas que o risco de destruição do povo judeu existe, mas também que não se pode contar com a ajuda de nenhum país e de nenhuma instituição internacional para evitá-lo.

"A insurreição do gueto de Varsóvia foi uma luta desigual, heroica e trágica. Foi, porém, muito eficaz", escreve Raul Hilberg. "Apesar de seu fim trágico, os insurgentes atingiram plenamente seu objetivo: conseguiram a participação dos judeus do gueto na guerra contra o Terceiro Reich."

"O outro objetivo", continua ele,

> que era sensibilizar a opinião pública mundial e protestar contra o genocídio e a discriminação racial, também foi alcançado. Lutou-se não por um ideal abstrato, mas pelo povo judeu em

face do extermínio. Aqueles que não "viram o alvorecer" continuarão sempre presentes no mundo do pós-guerra. A insurreição do gueto tornou-se um acontecimento com efeitos morais e políticos muito importantes.[431]

Na Polônia, em 19 de abril de 1948, no lugar onde se situava o gueto, o poder comunista inaugurou um monumento concebido por Nathan Rapoport e Leon Suzin à memória dos heróis da insurreição. O gueto de Varsóvia representa, pois, para o regime no poder, o recuo do fascismo hitlerista ante a resistência e o humanismo.

Esse monumento despertou um novo interesse em 7 de dezembro de 1970, quando o chanceler alemão Willy Brandt pede perdão em nome de seu país e se ajoelha publicamente, num gesto que se tornou célebre. Ele declara em seguida: "Fiz o que fazem os homens quando lhes faltam as palavras." O papa João Paulo II também se recolhe ali em 18 de junho de 1983, em homenagem às vítimas da Shoá.[i]

---

i.   Depois da queda do comunismo, o lugar que a Polônia reserva à insurreição do gueto ganha uma nova dimensão. Com o decorrer dos anos, ela passa a ser considerada um acontecimento maior da história da capital e do país. Alguns pesquisadores e intelectuais consideram que a segunda insurreição, que se deu em agosto de 1944, é a continuação da dos judeus do gueto. Em 19 de abril de 2013, quando das comemorações do septuagésimo aniversário da insurreição do gueto, inaugurou-se o Museu da História dos Judeus da Polônia no local do antigo gueto. Organizou-se um colóquio no Museu do Levante de Varsóvia, em colaboração com o recém-criado Museu da História dos Judeus da Polônia. O colóquio se intitula "Varsóvia, duas insurreições". Essa aproximação é objeto de críticas tanto de judeus quanto de alguns poloneses, que acham incorreto pôr no mesmo plano as duas insurreições.

A história do gueto de Varsóvia e de seu levante vai muito além da comunidade judaica. Esse acontecimento constitui, depois da guerra, um momento-chave da história da Europa do século XX, como Marek Edelman ressaltou de forma notável: "A Shoá é a derrota da civilização. E, infelizmente, essa derrota não cessou em 1945. Temos de nos lembrar disso."[432]

O que foi feito deles

Heinz Auerswald, comissário do bairro judeu de Varsóvia de março de 1941 a novembro de 1943, nunca foi julgado. Morreu em 5 de dezembro de 1970, em Düsseldorf.

Rudolf Batz ordenou os massacres em massa de judeus na Lituânia pelo Einsatzkommando 2 do Einsatzgruppe A. Tornou-se responsável pela Gestapo de Hannover, depois pelas funções de polícia de Cracóvia. Conseguiu escapar dos processos judiciais após a guerra. Preso em 11 de novembro de 1960, suicidou-se na prisão em 8 de fevereiro de 1961.

Janina Bauman, jovem ginasiana à época, deixou o gueto em 25 de janeiro de 1943, passando a viver clandestinamente em Varsóvia, Radosc e Rembertow. Depois da guerra, trabalhou na indústria cinematográfica na Polônia. Devido à violenta campanha antissemita de 1968, mudou-se da Polônia, com o marido e os três filhos, para Israel, depois para a Inglaterra, onde se tornou bibliotecária. Morreu em 29 de dezembro de 2009.

Mary Berg, cidadã americana cujo nome verdadeiro era Miriam Wattenberg, foi recolhida à prisão Pawiak quando da Grande Deportação do verão de 1942. Em janeiro de 1943, foi transferida para o campo de Vittel, e, em 5 de março de 1944, foi para Lisboa. Lá, com sua mãe e outros cidadãos americanos e aliados, além de prisioneiros de guerra americanos feridos, foi trocada por prisioneiros de guerra alemães. Morreu em 2013 nos Estados Unidos.

Josef Blösche, membro do SD, apelidado de "Frankenstein" no gueto, foi preso pelo Exército Vermelho, depois libertado em 1947. Ele constituiu família e viveu sem ser incomodado até 1967, quando foi preso. Julgado em 1969, em Erfurt, e condenado à morte, foi executado com uma bala na nuca em 29 de julho de 1969.

Abrasza Blum (1905-1943), engenheiro, dirigente do movimento de juventude do Bund Tsukunft, integrante da direção da KK ZKN (Comissão de Coordenação do Comitê Nacional Judeu), foi um dos organizadores da resistência do gueto e participou do levante. Denunciado no lado ariano, morreu no cerco da Gestapo, na alameda Szucha, em maio de 1943.

Larissa Cain, que viveu no gueto com seus pais e gostava de brincar com as outras crianças no pátio de seu edifício na rua Prosta, sobreviveu miraculosamente. Em 1946, ela voltou para o seio de sua família, em Nancy, e se tornou cirurgiã-dentista. A partir de 1978, passa a dar testemunho sobre sua infância no gueto de Varsóvia.

Jacob Celemenski, militante do Bund que descreveu os ricos traficantes que frequentavam o cabaré Sztuka, foi preso pelos alemães e enviado para o campo de concentração de

Mauthausen, na Áustria. Depois da Segunda Guerra Mundial, imigrou para os Estados Unidos. Morreu em Nova York, em 18 de novembro de 1986.

"Antek" Icchak Cukierman (1915-1981), ativista sionista, dirigente do Dror, membro do comando geral da OJC, agente de ligação com a AK do lado ariano durante a revolta do gueto, lutou na insurreição de Varsóvia. Depois da guerra, emigrou para Israel. Com sua companheira **Zivia Lubetkin**, uma das dirigentes da insurreição, participou ativamente do movimento de emigração clandestina para a Palestina — então sob mandato britânico — dos judeus que sobreviveram no seio da organização Bricha. Eles se casaram e, junto com outros sobreviventes, participaram da criação do *kibutz* Lohamei HaGeta'ot (Os combatentes do gueto). Ambos depuseram no julgamento de Adolf Eichmann. Zivia Lubetkin morreu em 1976. Antek Cukierman, em 1981.

Marek Edelman, que participou da insurreição, ficou na Polônia depois da guerra e dirigiu o Departamento de Cardiologia do hospital de Lodz. Em 1968, em decorrência da política antissemita do regime comunista, perdeu seu posto. Sua mulher e seus dois filhos mudaram-se para Paris. Ele continuou na Polônia e tornou-se membro ativo do Solidarnosc, sob o regime comunista. Morreu em 2009.

Ludwig Fischer, o governador do distrito de Varsóvia que estabeleceu o gueto, foi aprisionado pelas tropas aliadas e entregue ao governo polonês para ser julgado. Foi condenado à morte e enforcado em 8 de março de 1947.

Hans Frank, governador-geral, foi preso em 4 de maio de 1945 pelas tropas americanas. Condenado à morte no processo de Nuremberg, foi enforcado em 16 de outubro de 1946.

Régine Frydman viveu no gueto quando menina e sobreviveu com sua irmã Nathalie e seus pais. Eles deixaram a Polônia em 1947. Depois da guerra, seu pai costumava dizer: "Nunca se esqueçam disso, mas não vivam com isso." Régine Frydman tornou-se mãe, depois avó. Seu pai, Abram Apelkir, morreu em 1991.

Abraham Gancwajch, notório agente da Gestapo responsável pela Treze, foi executado pela Gestapo com sua mulher e seu filho em abril de 1943.

Bernard Goldstein, um dos dirigentes do Bund, refugiou-se na zona ariana para coordenar a ligação com a Resistência polonesa. Ele sobreviveu e emigrou para os Estados Unidos. Morreu em 1959, em Nova York.

Wilhelm Hagen, responsável pela saúde pública da cidade, teve um papel crucial na criação do gueto. Depois da guerra, tornou-se clínico geral em Augsbourg, depois professor na Universidade de Munique, em 1948. Em 1949, assumiu a direção da revista médica *Der Öffentliche Gesundheitsdienst*. Tornou-se ministro da Saúde. Lecionou na Universidade de Bonn a partir de 1952. Morreu em 29 de março de 1982.

Ludwik Hirszfeld, professor e microbiologista, deixou o gueto antes da insurreição e escondeu-se na zona ariana graças aos seus contatos profissionais. À chegada das tropas soviéticas, participou da criação da nova Universidade Maria Curie Sklodowska, em Lublin. Depois da guerra, fundou a Faculdade de Medicina da Breslávia. Morreu em 1954.

August Hlond, primaz da Polônia que, em 1935, protestara junto com o arcebispo de Varsóvia, Aleksander Kakowski, em nome do Episcopado, contra o afluxo de crianças judias nas escolas públicas, refugiou-se na França em 1940. Preso pela Gestapo em 1944, foi libertado pelo Exército americano. Morreu em 1948. Em 1992, abriu-se o seu processo de beatificação.

Hermann Höfle, SS-*Sturmbannführer* responsável pela grande *Aktion* do verão de 1942, foi preso pelos Aliados na Caríntia, em 1945. Foi libertado e viveu sem ser incomodado na Itália, na Áustria e, depois, na Alemanha. Em 1961, foi preso e transferido para Viena. Enforcou-se em sua cela em agosto de 1962 quando estava em prisão preventiva.

Gustawa Jareka, escritora polonesa que trabalhava como datilógrafa no Judenrat, foi deportada e morta com seus dois filhos em Treblinka em agosto de 1942.

Izrael Kanal, que tentou executar o chefe da polícia judaica Jozef Szerynski e participou da insurreição do gueto de Varsóvia, foi preso em outubro de 1943 e deportado para Auschwitz, onde morreu.

Chaim Kaplan, que escrevia, às vésperas de sua prisão, em 4 de agosto de 1942: "Se eu morrer, que será de meu diário?", foi deportado com sua esposa para Treblinka, onde ambos foram mortos. Antes de sua deportação, ele confiou o seu diário a um amigo judeu, Rubinsztejn, que todos os dias ia a uma fábrica situada fora do gueto. Rubinsztejn deu os cadernos a Wladyslaw Wojcek, um polonês que vivia na pequena aldeia de Liw, perto de Varsóvia. Wojcek emigrou para os Estados Unidos em 1962 e vendeu os documentos a Abraham I. Katsch, que trabalhava na Biblioteca Judaica e Hebraica da Universidade de Nova York. Outros cadernos foram adquiridos pelo Instituto Histórico Judeu de Varsóvia e pelo Instituto Mordechai Anielewicz de Israel. Só em 1972 publicou-se a primeira edição completa do diário de Kaplan.

Jan Karski, cujo nome verdadeiro era Jan Kozielewski (1914-2000), resistente polonês da Segunda Guerra Mundial, não parou de alertar o mundo sobre o extermínio dos judeus da Europa pelos nazistas. Depois da guerra, lecionou ciências políticas e relações internacionais na Universidade de Georgetown, em Washington. Em 1954, tornou-se cidadão dos Estados Unidos. Em 1982, foi reconhecido como Justo entre as Nações. Em 1985, Claude Lanzmann publicou uma parte de uma conversa com ele no *Shoah*. Em 1994, foi declarado cidadão honorário do Estado de Israel. Em 2012, foi-lhe atribuída, postumamente, em Washington, a medalha presidencial da Liberdade, a mais alta distinção civil dos Estados Unidos. O presidente Barack Obama, que a concedeu, declarou na ocasião: "Devemos explicar aos nossos filhos como esse mal pôde produzir-se, por que tantas pessoas sucumbiram a seus instintos mais sombrios e por que tantos outros se calaram."

Karl Heinrich Klostermayer, o homem que atirou um judeu idoso cadeirante pela janela, trabalhou como motorista depois da guerra. Foi condenado à prisão perpétua em 1965 pelo tribunal de Bielefeld, na Alemanha. Morreu na prisão em 1976.

Moritz Kohn e **Zelig Heller**, proprietários dos bondes puxados a cavalo do gueto, acumularam uma fortuna colossal graças ao contrabando. Foram executados no verão de 1942 pela Gestapo, apesar de sua colaboração.

Janusz Korczak, psiquiatra infantil, morreu em Treblinka em agosto de 1942, com as crianças de seu orfanato. Foi reconhecido como pai espiritual da Convenção Internacional dos Direitos da Criança, adotada em 20 de novembro de 1989 pela Assembleia Geral das Nações Unidas.

Henryk Makower, um dos professores da faculdade de medicina clandestina do gueto, refugiou-se com sua esposa na zona ariana em janeiro de 1943, em Stara Milosna, perto de Varsóvia. Depois da guerra, tornou-se diretor do Departamento de Virologia do Instituto de Imunologia e de Terapia Experimental da Academia de Ciências Polonesa. Morreu na Breslávia, em 1964.

Yisroel Milejkowski, responsável pelo Departamento de Saúde do Judenrat que desenvolveu o programa de pesquisa médica sobre as consequências da fome, foi morto em janeiro de 1943.

Jan Mosdorf, líder do partido de extrema direita ORN, que declarou em 1932 que os judeus não deviam ter nenhum direito político, foi preso pela Gestapo em julho de 1940.

Deportado em 6 de janeiro de 1941 para Auschwitz, foi executado em 11 de outubro de 1943.

Maurycy Orzech, um dos membros da direção clandestina do Bund, escapou do gueto, mas foi preso e executado em 1943, na prisão Pawiak.

Yehoshue Perle, o escritor judeu polonês que não acreditava que as autoridades alemãs pretendiam exterminar a totalidade dos habitantes do gueto, fugiu em março de 1943 com seu filho. Os dois viveram na clandestinidade do lado ariano de Varsóvia com identidades falsas. Como muitos judeus atraídos pelo desejo de comprar passaportes sul-americanos, eles foram ao hotel Polski, na rua Dluga, transformado pelos alemães em centro de internamento. Os dois foram mortos em Auschwitz.

Kazik Ratajzer (Symkcha Rotem), que participou da evacuação dos últimos combatentes do gueto de Varsóvia pelos esgotos, continuou a participar da resistência armada. Ele sobreviveu e emigrou para Israel, onde morreu em 2018.

Edward Reicher, o médico que conseguiu *in extremis* salvar-se com sua mulher e sua filha da *Umschlagplatz*, sobreviveu. Morreu em Frankfurt, em 1975.

Marcel Reich-Ranicki, secretário-intérprete do Judenrat, conseguiu fugir do gueto com uma jovem com quem viria a se casar. Quando da libertação, tornou-se diplomata do governo polonês em Londres. Em 1958, mudou-se da Polônia para a Alemanha e se tornou um reputado crítico literário. Morreu em 18 de setembro de 2013.

Nakhum Remba, que ficou célebre por evacuar grande número de pessoas da *Umschlagplatz* em sua ambulância, foi preso e deportado para Majdanek, onde foi executado em 1943.

Emanuel Ringelblum, o fundador da Oyneg Shabes que coletou judiciosamente documentos sobre a história do gueto, fugiu em fevereiro de 1943 com sua esposa, Judyta, e seu filho Uri, então com doze anos. Ajudados pelo jardineiro Mieczylaw Wolski (cujo codinome era Wladyslaw), esconderam-se em Varsóvia na família de Wladyslaw Marczak, na rua Grojecka, número 81, num abrigo subterrâneo no jardim. Tendo ido ao gueto logo antes da insurreição, em 19 de abril de 1943, Ringelblum foi preso pelos alemães e deportado para o campo de Trawniki, de onde fugiu. Em 7 de março de 1944, a Gestapo descobriu o esconderijo no qual a família Ringelblum se encontrava com mais uns trinta judeus — homens, mulheres e crianças —, além de Mieczylaw Wolski e seu sobrinho Janusz Wysocki. Uma parteira que não era judia e também se encontrava no local foi igualmente presa. Todos foram fuzilados nas ruínas do gueto. Em 1999, a Unesco reconheceu o alcance universal do testemunho de Emanuel Ringelblum, inscrevendo os "Arquivos Ringelblum" no registro da "Memória do Mundo."

Rubinstein, o bufão do gueto que gritava "São todos iguais!", foi deportado para Treblinka no verão de 1942, onde o mataram.

Waldemar Schön, comissário do bairro judeu de Varsóvia entre novembro de 1940 e março de 1941, tornou-se advogado em 1958. Morreu em 9 de outubro de 1969, em Freising.

Hillel Seidman, responsável pelos arquivos do Judenrat, foi enviado para o campo de internação de Vittel com sobreviventes do gueto que tinham passaportes sul-americanos. Quando da deportação dos últimos judeus do campo de Vittel, ele se escondeu num forno de pão. Foi libertado em setembro de 1944. Depois da guerra, ele se casou e se instalou no Brooklyn, onde morreu em 1995.

Irena Sendler, membro do Zegota que salvou 2,5 mil crianças do gueto, continuou sua luta clandestina sob outra identidade até a libertação. Ela ficou muito tempo desconhecida, mesmo na Polônia. Recebeu o título de Justa entre as Nações em 1965. Morreu em 2008.

Stefan Starzynski, prefeito de Varsóvia que assumiu a defesa de sua cidade, foi preso em outubro de 1939. Deportado para Dachau, foi executado em 17 de outubro de 1943.

Jürgen Stroop, o SS-*Brigadeführer* das tropas alemãs encarregadas da destruição do gueto, foi preso em maio de 1945 e condenado à morte em 1947 pelo tribunal americano de Dachau, pelo assassinato de pilotos prisioneiros de guerra. Em seguida, foi extraditado para a Polônia, onde foi julgado. Condenado à morte, foi enforcado em 8 de setembro de 1951, no local onde cometera seus crimes.

David Szapiro, um dos três últimos rabinos sobreviventes do gueto — os outros dois eram Szymszon Sztokhamer e Menahem Zemba —, foi deportado em maio de 1943 para o campo de trabalho de Budzyn, perto de Lublin, em maio de 1943, mas sobreviveu. Morreu dois dias antes da libertação do campo pelo Exército americano. O rabino Menahem Zema foi morto na insurreição de abril de 1943.

Wladyslaw Szpilman interrompeu sua carreira de concertista depois da guerra para trabalhar como diretor musical da rádio polonesa. O diretor de cinema franco-polonês Roman Polanski tornou-o mundialmente conhecido com seu filme *O pianista*, que recebeu três Oscars em 2003. Morreu em Varsóvia, em 2000.

Walter Caspar Többens, o industrial que dirigiu diversas fábricas têxteis e curtumes no gueto de Varsóvia, fugiu do trem que devia levá-lo para a Polônia em dezembro de 1946. Em 1949, foi condenado em Bremen a dez anos de prisão. O julgamento foi anulado em abril de 1952. Morreu num acidente de carro, em 1954.

Stanislaw Tomkiewicz, um dos alunos da faculdade de medicina clandestina do gueto que estava doente quando da libertação, passou o período de convalescença na França. Ele continuou seus estudos de medicina em Paris, depois se tornou chefe de clínica neuropsiquiátrica da Salpêtrière. Psiquiatra infantil reconhecido mundialmente, foi nomeado professor da Universidade "experimental" de Vincennes Paris-VIII em 1969. Engajou-se na luta contra as violências institucionais. Morreu em 2003.

Jonas Turkow, diretor de teatro, conseguiu fugir do gueto em 1943. Depois da libertação, trabalhou na rádio polonesa e mudou-se da Polônia para os Estados Unidos em 1947. Continuou a fazer turnês com espetáculos em iídiche na América do Sul, na África do Sul e na Europa. Estabeleceu-se em Israel, em 1966, e morreu em Tel Aviv em 1988.

Jost Walbaum, diretor de Departamento de Saúde no Governo Geral que preconizava o estabelecimento de "bairros fechados" construídos e pagos pelos judeus por razões "médico--políticas", foi objeto de pedidos de extradição (não atendidos) por parte do governo polonês. Ele se estabeleceu como médico homeopata em Frankfurt-Vinnorst. Morreu em 6 de dezembro de 1969 em Laatzen.

Michael Weichert, que presidia a JSS (Zytos) criada pelas autoridades alemãs, foi julgado por um tribunal polonês depois da guerra. Inocentado de colaboração, emigrou em 1958 para Israel, onde morreu em 1967.

Juliusz Zweilbaum, um dos fundadores da faculdade de medicina clandestina, sobreviveu. Em 1947, foi nomeado professor de histologia e embriologia na Universidade de Varsóvia. Morreu em 1959.

Notas

1. Marek Edelman, *Mémoires du ghetto de Varsovie*, Paris, Liana Levi, 2002, pp. 84-85, coleção "Piccolo".
2. Chaim Kaplan, *Chronique d'une agonie*, Paris, Calmann-Lévy, 2009, p. 472.
3. Ibidem, p. 82.
4. Marcel Reich-Ranicki, *Ma vie*, Paris, Grasset, 2001, p. 150.
5. Samuel D. Kassow, *Les Archives secrètes du ghetto de Varsovie*, Paris, Grasset, 2011, p. 369.
6. Abraham Lewin, *Journal du ghetto de Varsovie, une coupe de larmes*, edição estabelecida por Antony Polonsky, trad. Dominique Dill, Paris, Plon, 1990, p. 20.
7. Raul Hilberg, *La Destruction des Juifs d'Europe*, v. 2, Paris, Gallimard, 2006, p. 428, coleção "Folio Histoire", n. 144.
8. Alexandre Wolowski, *La Vie quotidienne à Varsovie sous l'occupation nazie: 1939-1945*, Paris, Hachette, 1977, p. 35.
9. Kaplan, op. cit., pp. 39-40.
10. Ibidem, p. 40.
11. Ian Kershaw, *Hitler: 1936-1945*, v. 2, trad. Pierre-Emmanuel Dauzat, Paris, Flammarion, 2000, p. 252.
12. Raul Hilberg, *Il y a cinquante ans, le ghetto de Varsovie*, Bruxelas, Complexe, 1994, p. 19.
13. Marc Bloch, *La Société féodale*, apud Teresa Prekerowa, *Zegota, Commission d'aide aux Juifs*, trad. e pref. Marian Apfelbaum, Paris, Éditions du Rocher, 1999, p. 22.
14. Reich-Ranicki, op. cit., p. 149.
15. Hilberg, *Il y a cinquante ans, le ghetto de Varsovie*, op. cit., p. 20.
16. Rachel Ertel, *Le Shtetl, la bourgade juive de Pologne, de la tradition à la modernité*, Paris, Payot, 1986, p. 188.

17. Chantal Bordes-Benayoun (ed.), *Les Juifs et la ville*, Toulouse, Presses Universitaires du Mirail, 2000, p. 185.
18. Prekerowa, op. cit., pp. 21-22.
19. Ibidem, p. 23.
20. Emanuel Ringelblum, *Polish-Jewish Relations During the Second World War*, Northwestern University Press, 1992, pp. 11-12.
21. Bordes-Benayoun, op. cit., p. 185.
22. Ibidem, p. 186.
23. Wolowski, op. cit., p. 51.
24. Jonas Turkow, *C'était ainsi: 1939-1943, la vie dans le ghetto de Varsovie*, Saint-Gilles, Austral, 1995, p. 40.
25. Janina Bauman, *Derrière ces murs, comment j'ai survécu au ghetto de Varsovie*, Paris, Jacqueline Chambon, 2007, p. 37.
26. Turkow, op. cit., p. 25.
27. Wladyslaw Szpilman, *Le Pianiste, l'extraordinaire destin d'un musicien juif*, Paris, Robert Laffont, 2002, p. 34.
28. Wolowski, op. cit., p. 209.
29. Kaplan, op. cit., p. 49.
30. Christopher R. Browning, *Les Origines de la solution finale, l'évolution de la politique antijuive des nazis*, Paris, Seuil, 2004, p. 237, coleção "Points Histoire".
31. Saul Friedländer, *L'Allemagne nazie et les Juifs*, v. 2, Paris, Seuil, 2008, p. 66.
32. Adam Czerniakow, *Carnets du ghetto de Varsovie: 6 septembre 1939-23 juillet 1942*, Paris, La Découverte, 2013, p. 8.
33. Ibidem, p. 16.
34. Reich-Ranicki, op. cit., p. 140.
35. Kaplan, op. cit., p. 82.
36. Szpilman, op. cit., p. 50.
37. Reich-Ranicki, op. cit., p. 139.
38. Szpilman, op. cit., p. 50.
39. Ibidem, p. 61.
40. Emanuel Ringelblum, *Chronique du ghetto de Varsovie*, Paris, Payot, 1995, p. 50.
41. Ibidem, p. 65.
42. Ibidem, p. 151.
43. Ibidem, p. 80.
44. Kaplan, op. cit., p. 260.
45. Turkow, op. cit., p. 47.

46. Szpilman, op. cit., p. 44.
47. Ringelblum, *Chronique du ghetto de Varsovie*, op. cit., p. 110.
48. Ibidem, p. 96.
49. Gordon J. Horwitz, *Ghettostadt, Lodz et la formation d'une ville nazie*, Paris, Calmann-Lévy, 2012, p. 39.
50. Reich-Ranicki, op. cit., p. 129.
51. Ibidem.
52. Ibidem, p. 127.
53. Kaplan, op. cit., p. 73.
54. Reich-Ranicki, op. cit., p. 124.
55. Friedländer, op. cit., p. 62.
56. Ber Baskind, *La Grande Épouvante*, Paris, Calmann-Lévy, 1945, apud Wolowski, op. cit., p. 211.
57. Ringelblum, *Chronique du ghetto de Varsovie*, op. cit., p. 45.
58. Wolowski, op. cit., p. 97.
59. Edelman, op. cit., p. 29.
60. Régine Frydman, *J'avais huit ans dans le ghetto de Varsovie*, Paris, Tallandier, 2011, p. 63.
61. Turkow, op. cit., p. 45.
62. Ludwik Landau, *Kronika lat wojny i okupacji*, v. I-III, Varsóvia, 1963, p. 300, apud Wolowski, op. cit., p. 211.
63. Kaplan, op. cit., p. 65.
64. Israel Gutman, *The Jews of Warsaw, 1939-1943: Ghetto, Underground, Revolt*, Indiana, Indiana University Press, 1982, p. 21.
65. Kaplan, op. cit., p. 234.
66. Ibidem, p. 275.
67. Ringelblum, *Chronique du ghetto de Varsovie*, op. cit., p. 34.
68. Ibidem, p. 90.
69. Ibidem, p. 88.
70. Ibidem, p. 90.
71. Ibidem, p. 91.
72. Kaplan, op. cit., p. 222.
73. Frydman, op. cit., p. 59.
74. Kaplan, op. cit., p. 153.
75. Friedländer, op. cit., p. 85.
76. Ringelblum, *Chronique du ghetto de Varsovie*, op. cit., p. 69.
77. Ibidem, p. 73.
78. Edelman, op. cit., p. 29.

79. Sophie Richardot, "Janusz Korczak et Fried Dicker-Brandeis: deux pédagogues de la liberté dans l'univers concentrationnaire nazi", *Le Télémaque*, v. 42, n. 2, 2012, pp. 87-101.
80. Anita Shapira, *Berl: The Biography of a Socialist Zionist*, Cambridge, Cambridge University Press, 1984, p. 296, apud Collectif, *Chroniques du Désastre. Témoignages sur la Shoah dans les ghettos polonais*, pref. Georges Bensoussan, Genebra, Metropolis, 1999, p. 11.
81. Georges Bensoussan, *De la Zone d'épidémie au ghetto, la mort programmée d'un peuple, septembre 1939-mai 1943*, apud Hillel Seidman, *Journal du ghetto de Varsovie, du fond de l'abîme*, Paris, Plon, 1998, p. 380.
82. Reich-Ranicki, op. cit., p. 139.
83. Czerniakow, op. cit., p. 22.
84. "Das Ghetto. Welt des Verfalls", *Warschauer Zeitung*, 15 nov. 1939, apud Wolowski, op. cit., p. 210.
85. "Warschauer Ghetto wird abgesperrt", *Warschauer Zeitung*, 19-20 nov. 1939, apud Wolowski, op. cit., p. 210.
86. Libionka Dariusz, "L'extermination des Juifs polonais dans le Gouvernement général (Aktion Reinhard). Aspects généraux", *Revue d'Histoire de la Shoah*, n. 196, 2012/1, pp. 15-55.
87. Czerniakow, op. cit., p. 73.
88. Hans Frank, *Das Diensttagebuch des deutschen Generalgouverneurs in Polen 1939-1945*, Deutsche Verlags-Anstalt, 1975, p. 281, apud Friedländer, op. cit., p. 154.
89. Lewin, op. cit., p. 19.
90. Peter Dembowski, *Des Chrétiens dans le ghetto de Varsovie*, Les Plans--sur-Bex, Parole et Silence, 2011, p. 145.
91. Kaplan, op. cit., p. 256.
92. Ibidem.
93. Ibidem, p. 263.
94. Czerniakow, op. cit., p. 122.
95. Ringelblum, *Chronique du ghetto de Varsovie*, op. cit., pp. 83-84.
96. Raul Hilberg, *Exécuteurs, victimes, témoins: la catastrophe juive, 1933-1945*, Paris, Gallimard, 1994, p. 90.
97. Ibidem, p. 87-88.
98. Bernard Goldstein, *L'Ultime Combat, Nos années au ghetto de Varsovie*, Paris, La Découverte, 2008, pp. 75-76.
99. Lewin, op. cit., p. 23.
100. Wolowski, op. cit., p. 215-216.
101. Ringelblum, *Chronique du ghetto de Varsovie*, op. cit., p. 107.

102. Ibidem, p. 111.
103. Daniel Blatman, *En direct du Ghetto. La Presse clandestine juive dans le ghetto de Varsovie, 1940-1943*, Paris, Cerf, 2005, p. 157.
104. Szpilman, op. cit., p. 56.
105. Ringelblum, *Chronique du ghetto de Varsovie*, op. cit., p. 19.
106. Kaplan, op. cit., p. 283.
107. Ringelblum, *Chronique du ghetto de Varsovie*, op. cit., p. 130.
108. Ibidem, p. 150.
109. Ibidem, p. 121.
110. Kaplan, op. cit., p. 265.
111. Catherine Coquio e Aurélia Kalisky (eds.), *L'Enfant et le génocide: témoignages sur l'enfance pendant la Shoah*, Paris, Robert Laffont, 2007, p. 229, coleção "Bouquins".
112. Ruth Zariz (ed.), *Mikhtave halutsim miPolin hakevushah, 1940-1944*, Ramat Efal, 1994, p. 51, apud Friedländer, op. cit., p. 179.
113. Szpilman, op. cit., p. 61.
114. Ibidem, p. 62.
115. Ibidem, p. 60.
116. Edelman, op. cit., p. 34.
117. Ringelblum, *Chronique du ghetto de Varsovie*, op. cit., p. 172.
118. Ibidem, p. 177.
119. Ibidem, p. 83-84.
120. Larissa Cain, *Une Enfance au ghetto de Varsovie*, Paris, L'Harmattan, 1997, p. 109.
121. Ringelblum, *Chronique du ghetto de Varsovie*, op. cit., p. 94.
122. Elizabeth Harvey, *Women and the Nazi East: Agents and Witnesses of Germanization*, New Haven, Yale University Press, 2003, p. 126, apud Friedländer, op. cit., p. 219.
123. Ringelblum, *Chronique du ghetto de Varsovie*, op. cit., p. 163.
124. Lewin, op. cit., p. 32.
125. Ibidem.
126. Kaplan, op. cit., p. 108.
127. Turkow, op. cit., p. 56.
128. Barbara Engelking, "Le Conseil juif de Varsovie", *Revue d'Histoire de la Shoah*, n. 185, 2006/2, pp. 145-174, p. 152.
129. Mary Berg, *Journal de Mary Berg*, Paris, Albin Michel, 1947, apud Lewin, op. cit., p. 36.
130. Chaim Kaplan, *Scroll of Agony: the Warsaw Diary of Chaim Kaplan*, Indiana, Indiana University Press, 1965, p. 234.

131. Mary Berg, *Warsaw Ghetto, a Diary*, ed. especial patrocinada pela National Organization of Polish Jews, S. L. Schneiderman (ed.), Nova York, L. B. Fisher, 1945, p. 45-46, 1945, apud Friedländer, op. cit., p. 214.
132. Seidman, op. cit., p. 124.
133. Kassow, op. cit., p. 171.
134. Czerniakow, op. cit., p. 227.
135. Ringelblum, *Chronique du ghetto de Varsovie*, op. cit., p. 175.
136. Czerniakow, op. cit., p. 170.
137. Ibidem, p. 54.
138. Ibidem, p. 59.
139. Ibidem, p. 63.
140. Ibidem, p. 67.
141. Barbara Engelking e Jacek Leociak, *The Warsaw Ghetto: a Guide to the Perished City*, New Haven, Yale University Press, 2009, p. 373.
142. Sam Hoffenberg, em colaboração com Patrick Girard, *Le Camp de Poniatowa, la liquidation des derniers Juifs de Varsovie*, Paris, Bibliophane, 1988, p. 18.
143. Ringelblum, *Chronique du ghetto de Varsovie*, op. cit., p. 62.
144. Ibidem, p. 48.
145. Ibidem, p. 52.
146. Czerniakow, op. cit., pp. 145-146.
147. Ringelblum, *Chronique du ghetto de Varsovie*, op. cit., p. 60.
148. Ibidem, p. 113.
149. Ibidem, p. 179.
150. Edward Reicher, *Une vie de Juif: l'odyssée d'un médecin juif en Pologne, 1939-1945*, Paris, Lieu Commun, 1990, pp. 63-64.
151. Reich-Ranicki, op. cit., p. 147.
152. Szpilman, op. cit., p. 66.
153. Bauman, op. cit., p. 55.
154. Reicher, op. cit., pp. 63-64.
155. Ibidem.
156. Ringelblum, *Chronique du ghetto de Varsovie*, op. cit., p. 118.
157. Edelman, op. cit., p. 37.
158. Ibidem, p. 36.
159. Yehoshue Perle, *L'Anéantissement de la Varsovie juive*, apud *Chroniques du Désastre...*, op. cit., p. 74.
160. Edelman, op. cit., p. 38.

161. Georges Eisen, *Les Enfants pendant l'Holocauste*, Paris, Hachette, 1995, pp. 47-48, coleção "Pluriel".
162. Ringelblum, *Chronique du ghetto de Varsovie, op. cit.*, p. 64.
163. Czerniakow, op. cit., p. 214.
164. Ringelblum, *Chronique du ghetto de Varsovie*, op. cit., p. 301.
165. Lewin, op. cit., p. 98.
166. Joanna Michlic, "Battling against the Odds: Culture, Education and the Jewish Intelligentsia in the Warsaw Ghetto, 1940-1942", *East European Jewish Affairs*, 1997, p. 91, apud Friedländer, op. cit., p. 206.
167. Berg, op. cit., p. 66, apud Eisen, op. cit., p. 70.
168. Kaplan, op. cit., p. 422.
169. Ringelbum, *Chronique du ghetto de Varsovie*, op. cit., p. 206.
170. Ibidem, p. 225.
171. Czerniakow, op. cit., p. 150.
172. Blatman, op. cit., p. 253.
173. Szpilman, op. cit., p. 87.
174. Kassow, op. cit., p. 371.
175. Eisen, op. cit., pp. 48-49.
176. Ringelblum, *Chronique du ghetto de Varsovie*, op. cit., p. 222.
177. Ibidem, p. 76.
178. Eisen, op. cit., p. 54.
179. Ibidem, p. 47.
180. Reicher, op. cit., p. 65.
181. Czerniakow, op. cit., p. 249.
182. Ibidem, p. 253.
183. Hilberg, op. cit., p. 165.
184. Ringelblum, *Chronique du ghetto de Varsovie*, op. cit., pp. 170-171.
185. Szpilman, op. cit., p. 77.
186. Ibidem, p. 59.
187. Kaplan, op. cit., p. 135.
188. Ringelblum, *Chronique du ghetto de Varsovie*, op. cit., p. 118.
189. Kassow, op. cit., p. 198.
190. Reich-Ranicki, op. cit., p. 147.
191. Ringelblum, *Chronique du ghetto de Varsovie*, op. cit., p. 164.
192. Szpilman, op. cit., p. 83.
193. Ibidem, p. 84.
194. Czerniakow, op. cit., p. 150.
195. Prefácio de Raul Hilberg e Stanislaw Staron *em* Czerniakow, op. cit., p. XXXIX.

196. Kaplan, op. cit., p. 359.
197. Edelman, op. cit., pp. 28-29.
198. Ringelblum, *Chronique du ghetto de Varsovie*, op. cit., p. 138.
199. Ibidem, p. 132.
200. Kaplan, op. cit., pp. 298-299.
201. Szpilman, op. cit., p. 63.
202. Ringelblum, *Chronique du ghetto de Varsovie*, op. cit., p. 116.
203. Ibidem, p. 60.
204. Ibidem, p. 112.
205. Ibidem, p. 133.
206. Edelman, op. cit., p. 34.
207. Wolowski, op. cit., pp. 227-228.
208. Czerniakow, op. cit., pp. 192-193.
209. Ludwik Hirszfeld, *Historia jednego zycia*, Hanna Hirszfeldowa (ed.), Varsóvia, Institut Wydawniczy Pax, 1967, p. 228, apud Wolowski, op. cit., p. 225.
210. Bensoussan, *De la Zone d'épidémie au ghetto*, op. cit., apud Seidman, op. cit., p. 382.
211. Kaplan, op. cit., p. 355.
212. Szpilman, op. cit., p. 78.
213. Friedländer, op. cit., p. 205.
214. Ringelblum, *Chronique du ghetto de Varsovie*, op. cit., p. 143.
215. Kaplan, op. cit., p. 303.
216. Ibidem.
217. Frydman, op. cit., p. 69.
218. Kaplan, op. cit., p. 448.
219. Dembowski, op. cit., p. 148.
220. Ringelblum, *Chronique du ghetto de Varsovie*, op. cit., p. 162.
221. Kaplan, op. cit., p. 293.
222. Dembowski, op. cit., p. 115.
223. Czerniakow, op. cit., p. 168.
224. Ringelblum, *Chronique du ghetto de Varsovie*, op. cit., p. 164.
225. Dembowski, op. cit., p. 154.
226. Havi Ben Sasson, "Christians in the Ghetto: All Saints' Church, Birth of the Holy Virgin Mary Church and the Jews of the Warsaw Ghetto", *Yad Vashem Studies*, n. 31, p. 163-164, 2003, apud Friedländer, op. cit., p. 317.
227. Ringelblum, *Chronique du ghetto de Varsovie*, op. cit., p. 178.
228. Kassow, op. cit., p. 183.

229. Kaplan, op. cit., p. 283.
230. Bauman, op. cit., pp. 54-55.
231. Kaplan, op. cit., p. 299.
232. Cain, op. cit., p. 112.
233. Ringelblum, *Chronique du ghetto de Varsovie*, op. cit., p. 225.
234. Kaplan, op. cit., p. 423.
235. Ringelblum, *Chronique du ghetto de Varsovie*, op. cit., p. 154.
236. Cain, op. cit., p. 101.
237. Kaplan, op. cit., p. 201.
238. Ibidem.
239. Ringelblum, *Chronique du ghetto de Varsovie*, op. cit., p. 189.
240. Wolowski, op. cit., p. 219.
241. Czerniakow, op. cit., p. 188.
242. Marta Aleksandra Balinska, "L'École de médecine dans le ghetto de Varsovie (1941-1942)", *Revue du Praticien*, v. 58, p. 227-229, 31 jan. 2008.
243. Serge Lapidus, *Non omnis moriar, je ne mourrai pas complètement, médecine inhumaine du ghetto de Varsovie*, Paris, Biblieurope, 2012, p. 154.
244. Balinska, op. cit., pp. 227-229.
245. Ibidem.
246. Stanislaw Tomkiewicz, *L'Adolescence volée*, Paris, Calmann-Lévy, 1999, p. 27.
247. Israel Milejkowski, "Maladie de famine", *ADJC*, Varsóvia, 1946, apud Michel Borwicz, *L'Insurrection du ghetto de Varsovie*, Paris, Julliard, 1966, p. 20, coleção "Archives".
248. Lapidus, op. cit., p. 176.
249. Kaplan, op. cit., p. 228.
250. Ibidem, p. 256.
251. Ibidem, p. 255.
252. Ringelblum, *Chronique du ghetto de Varsovie*, op. cit., p. 159.
253. Goldstein, op. cit., p. 92.
254. Edelman, op. cit., p. 47.
255. Ringelblum, *Chronique du ghetto de Varsovie*, op. cit., p. 165.
256. Eisen, op. cit., p. 78.
257. Marian Apfelbaum, *Retour sur le ghetto de Varsovie*, Paris, Odile Jacob, 2002, p. 54.
258. Kaplan, op. cit., p. 231.
259. Szpilman, op. cit., p. 86.

260. Reich-Ranicki, op. cit., p. 144.
261. Szpilman, op. cit., p. 86.
262. Reich-Ranicki, op. cit., p. 153.
263. Ibidem.
264. Ibidem, p. 157.
265. Szpilman, op. cit., p. 75.
266. Ibidem, p. 79.
267. Reich-Ranicki, op. cit., p. 159.
268. Ibidem, p. 153.
269. Ibidem, p. 159.
270. Bauman, op. cit., p. 72.
271. Ibidem, p. 84.
272. Reich-Ranicki, op. cit., p. 157.
273. Bauman, op. cit., p. 72.
274. Kaplan, op. cit., p. 302.
275. Gutman, op. cit., p. 176.
276. Perle, op. cit., p. 69.
277. Turkow, op. cit., p. 385.
278. Edelman, op. cit., p. 58.
279. Szpilman, op. cit., p. 90.
280. Ibidem.
281. Edelman, *Chronique du ghetto de Varsovie*, op. cit., p. 51.
282. Ibidem, p. 297.
283. Hoffenberg, op. cit., p. 23.
284. Edelman, op. cit., pp. 55-56.
285. Yitzhak Zuckerman [Antek Icchak Cukierman], *A Surplus of Memory: Chronicle of the Warsaw Ghetto Uprising*, Berkeley, University of California Press, 1993, apud Friedländer, op. cit., p. 414.
286. Edelman, op. cit., p. 53-54.
287. Ringelblum, *Chronique du ghetto de Varsovie*, op. cit., p. 271.
288. Ibidem, p. 304.
289. Kaplan, op. cit., p. 416.
290. Gutman, op. cit., p. 21., apud Bensoussan, *De la Zone d'épidémie au ghetto*, op. cit., apud Seidman, op. cit., p. 393.
291. Czerniakow, op. cit., p. 191.
292. Ibidem, p. 211.
293. Ibidem, p. 237.
294. Ibidem, p. 262.

295. Adam Rayski, *L'Agonie et la révolte des derniers Juifs du ghetto de Varsovie*, Paris, Union des Résistants et Déportés Juifs de France, Association du Musée de la Résistance Nationale, 2003, p. 46.
296. Ibidem, p. 85.
297. Edelman, op. cit., p. 57.
298. Rayski, op. cit., pp. 46-47.
299. Szpilman, op. cit., p. 96.
300. Reich-Ranicki, op. cit., p. 163.
301. Edelman, op. cit., pp. 58-59.
302. Hoffenberg, op. cit., p. 23.
303. Seidman, op. cit., p. 22.
304. Berg, op. cit., citado em Bensoussan, *De la Zone d'épidémie au ghetto*, op. cit., apud Seidman, op. cit., p. 395.
305. Czerniakow, op. cit., p. 267.
306. Reich-Ranicki, op. cit., p. 166.
307. Ibidem, p. 175.
308. Seidman, op. cit., p. 20.
309. Ibidem, p. 21.
310. Hilberg, *Il y a Cinquante ans, le ghetto de Varsovie*, op. cit., p. 24.
311. Edelman, op. cit., p. 62.
312. Seidman, op. cit., p. 31.
313. Kassow, op. cit., p. 437.
314. Perle, op. cit., p. 71.
315. Kassow, op. cit., p. 430.
316. Szpilman, op. cit., p. 234.
317. Edelman, op. cit., p. 61-62.
318. Ysroel Lichtensztajn, *La Grande Déportation de Varsovie*, apud *Chroniques du désastre*, op. cit., p. 42.
319. *Chroniques du désastre*, op. cit., p. 11.
320. Edelman, op. cit., p. 53.
321. Czerniakow, op. cit., p. 269.
322. Reich-Ranicki, op. cit., p. 176.
323. Kaplan, op. cit., pp. 456-457.
324. Reich-Ranicki, op. cit., p. 176.
325. Lewin, op. cit., p. 180.
326. Edelman, op. cit., p. 64.
327. Ibidem.
328. Halina Birenbaum, *L'Espoir ne meurt jamais*, SB.com, 2002, p. 51.
329. Seidman, op. cit., p. 30.

330. Ibidem, p. 31.
331. Ibidem.
332. Edelman, op. cit., p. 66.
333. Kaplan, op. cit., p. 467.
334. Ibidem.
335. Goldstein, op. cit., p. 135.
336. Birenbaum, op. cit., p. 32.
337. Szpilman, op. cit., p. 106.
338. Perle, op. cit., p. 75.
339. Seidman, op. cit., pp. 125-127.
340. Ibidem, p. 34.
341. Reich-Ranicki, op. cit., p. 182.
342. Edelman, op. cit., p. 65.
343. Lapidus, op. cit., p. 139.
344. Hilberg, *La Destruction des Juifs d'Europe*, op. cit., p. 432.
345. Szpilman, op. cit., p. 113.
346. Edelman, op. cit., pp. 68-69.
347. Turkow, op. cit., p. 244.
348. Edelman, op. cit., pp. 72-73.
349. Szpilman, op. cit., p. 120.
350. Edelman, op. cit., p. 70.
351. Turkow, op. cit., p. 248.
352. Edelman, op. cit., p. 71.
353. Adolf Berman, "O ruchu oporu w gettcie warszawkim. Refleksje", *Biuletyn ZIH*, n. 29, 1959, apud Apfelbaum, op. cit., p. 101.
354. Ibidem, p. 100.
355. Szpilman, op. cit., p. 107.
356. Reich-Ranicki, op. cit., p. 183.
357. Edelman, op. cit., pp. 76-77.
358. Reich-Ranicki, op. cit., p. 183.
359. Edelman, op. cit., p. 77.
360. Turkow, op. cit., p. 324.
361. Lewin, op. cit., p. 237.
362. Seidman, op. cit., p. 96.
363. Tomkiewicz, op. cit., p. 13.
364. Reich-Ranicki, op. cit., pp. 188-189.
365. Edelman, op. cit., p. 78.
366. Ibidem, pp. 78-79.
367. Reich-Ranicki, op. cit., p. 189.

368. Lewin, op. cit., p. 264.
369. Ibidem, pp. 215-216.
370. Bauman, op. cit., p. 109.
371. Reich-Ranicki, op. cit., p. 190.
372. Bensoussan, *De la Zone d'épidémie au ghetto*, op. cit., p. 406.
373. Ringelblum, *Chronique du ghetto de Varsovie*, op. cit., p. 322.
374. Borwicz, op. cit., p. 224.
375. Rayski, op. cit., p. 40.
376. Seidman, op. cit., p. 242.
377. Hoffenberg, op. cit., pp. 31-32.
378. Frydman, op. cit., p. 158.
379. Prekerowa, op. cit., p. 21.
380. Bensoussan, *De la Zone d'épidémie au ghetto*, op. cit., p. 403.
381. Rayski, op. cit., p. 87.
382. Seidman, op. cit., p. 147.
383. Ibidem.
384. *Chroniques du désastre*, op. cit., p. 16.
385. Borwicz, op. cit., p. 34.
386. Reich-Ranicki, op. cit., p. 198.
387. Seidman, op. cit., p. 165.
388. Reich-Ranicki, op. cit., p. 193.
389. Prekerowa, op. cit., p. 31.
390. *Nouvelles Quotidiennes*, n. 69, 25 nov. 1943, apud Borwicz, op. cit., p. 32.
391. Prekerowa, op. cit., p. 186.
392. Chalom Stephane Grayek, *L'Insurrection du ghetto de Varsovie*, Fédération et Union des Sociétés Juives de France, 1978, p. 28.
393. Wolowski, op. cit., p. 231.
394. Ibidem, p. 246.
395. Turkow, op. cit., p. 379.
396. Edelman, op. cit., pp. 84-85.
397. Rayski, op. cit., p. 85.
398. Wolowski, op. cit., p. 246.
399. Edelman, op. cit., p. 85.
400. Emanuel Ringelblum, "Little Stalingrad Defends Itself", 1943, in: Joseph Kermish (ed.), "To Live with Honor and Die with Honor", p. 599-600, apud Friedländer, op. cit., p. 645.
401. Ibidem.
402. Edelman, op. cit., p. 86.

403. Rayski, op. cit., p. 19.
404. Gutman, op. cit., p. 362, apud Bensoussan, *De la Zone d'épidémie au ghetto*, op. cit., p. 411.
405. Edelman, op. cit., pp. 91-92.
406. Engelking, "Le Conseil juif de Varsovie", op. cit.
407. Edelman, op. cit., p. 95.
408. Ibidem, p. 96.
409. Ibidem, pp. 97-98.
410. Rayski, op. cit., p. 79.
411. Hilberg, *La Destruction des juifs d'Europe*, op. cit., p. 439.
412. Edelman, op. cit., pp. 98-99.
413. Borwicz, op. cit., p. 223.
414. Edelman, op. cit., p. 105.
415. Ibidem, p. 106.
416. Bensoussan, *De la Zone d'épidémie au ghetto*, op. cit., p. 413.
417. Marek Edelman, *La Vie malgré le ghetto*, Paris, Éditions Liana Levi, 2010, p. 126.
418. Rayski, op. cit., p. 86.
419. Friedländer, op. cit., p. 650.
420. Rayski, op. cit., p. 87.
421. Ibidem.
422. Edelman, *La Vie malgré le ghetto*, op. cit., p. 132.
423. Seidman, op. cit., pp. 244-245.
424. Bensoussan, op. cit., p. 413.
425. Archives du procès de Nuremberg, documento n. 2.496, apud Friedländer, op. cit., p. 650.
426. Victor Klemperer, *Je veux témoigner jusqu'au bout, Journal 1942-1945*, trad. Ghislain Riccardi, Michèle Küntz-Tailleur e Jean Tailleur, Paris, Seuil, 2000, p. 361.
427. Rayski, op. cit., p. 10.
428. Ibidem, p. 11.
429. Ibidem.
430. Ibidem.
431. Hilberg, *Chronique du ghetto de Varsovie*, op. cit., p. 50.
432. Edelman, *La Vie malgré le ghetto*, op. cit., p. 131.

Agradecimentos

Agradeço aos meus pais, Albert e Régine, e ao meu irmão, Marc, que sempre me estimularam a cumprir esse dever de memória em nome de todos os desaparecidos.

Tenho de expressar um reconhecimento todo especial a meu amigo Thierry Flavian, guia do Memorial da Shoá, em Paris, com quem tive discussões agradáveis e interessantes.

Agradeço a Stéphanie Dassa, Olivier Lalieu e Alexandre Borycki, pela releitura do original.

Agradeço ao meu amigo Frédéric Hutman, por seu apoio e seus conselhos, sempre judiciosos.

Minha gratidão ao meu amigo Richard Prasquier, que sempre me apoiou em todos os meus projetos.

Agradeço aos meus amigos da Amif e da Comissão de Lembrança do Crif, que me encorajaram a prosseguir meus trabalhos de pesquisa histórica.

Um muitíssimo obrigado a Liana Levi, Sandrine Thévenet e Julie Groleau, que, com paciência e gentileza, permitiram transformar meu manuscrito em livro.

Devo meu reconhecimento a todos os que viveram esse período e partilharam comigo suas lembranças.

Que todos aqueles que me ajudaram e cujos nomes deixei de citar me perdoem. Uma página não bastaria.

ESTE LIVRO FOI COMPOSTO EM ADOBE GARAMOND CORPO 12 POR 15 E
IMPRESSO SOBRE PAPEL AVENA 80 g/m² NAS OFICINAS DA RETTEC ARTES
GRÁFICAS E EDITORA, SÃO PAULO — SP, EM MARÇO DE 2024